Abb. 1. Älteste bekannte Marien-Plastik. Koptisch, 3. Jhdt. Ursprünglich Kultbild der Isis.

Die Große Göttin ist Ursprung und Inbegriff
von Leben, Liebe, Schönheit und Natur.
Sie manifestiert sich in allen schöpferischen Kräften des Universums
und verkörpert sich in allem Weiblichen.

Rolf D.Koll / Anne Kuppels

Isentum

Bekenntnis zu einer neuen weiblichen Lebensweise

mit 29 biographischen Beiträgen
und 57 Abbildungen

ARO VERLAG

Wir danken allen, die über Jahre hinweg die Willenskraft und Stärke aufbrachten, an sich zu arbeiten, und die dadurch die Entstehung des Isentums erst möglich machten.

Darüber hinaus danken wir den Autorinnen und Autoren der biographischen Beiträge sowie allen, die das Erscheinen dieses Buches finanziell unterstützt haben.

Ganz besonders danken wir Rosi für ihre Mitarbeit am Manuskript, Ute und Peter für ihren liebevollen und aufbauenden Einsatz sowie Angelika, die den "roten Faden" der Fußnoten gesponnen hat

Titelbild von A. Kuppels

ISBN 3 - 929868 - 01 - 6

Erschienen und alle Rechte bei
ARO Verlag
Kaiserstraße 78a, 42781 Haan
© Haan 1993
Druck: Prima Print, Köln

Inhalt

Eiris sazun idisi,   sazun hera duoder.
suma hapt heptidun,   suma heri lezidun,
suma clubodun   umbi cuoniouuidi:
insprinc haptbandun,   invar vigandum!

Einst lebten Idisen, lebten hier und dort.
Manche flochten die Fesseln, manche bannten die Heere.
Manche lösten der Kühnen knechtische Bande:
"Entspring den Haftbanden, entfahr den Feinden!"
(Merseburger Zauberspruch, vor 900 n. Chr.)

Über uns und dieses Buch

Zum Isentum bekennen sich Frauen und Männer, die ihr Leben ausdrücklich
dem Dienst der Göttin gewidmet haben. Dies schließt nicht andere Dienste
oder die Verehrung eines anders verstandenen Göttlichen aus. Es umfaßt
aber definitiv unbedingte Liebe und Treue zum Leben, die Arbeit an der
eigenen geistig-seelischen Weiterentwicklung und vor allem Achtung,
Anerkennung und persönlichen Einsatz für die Entfaltung des Weiblichen.
Das heißt Mitarbeit daran, dem Weiblichen in Welt und Leben und den
weiblichen Aspekten in sich selbst die ihm zukommende, teilweise auch
führende Position einzuräumen und dadurch den Zustrom der heilenden und
segnenden Kräfte des Weiblichen in die Welt zu fördern.
Das Wort *Ise* selbst ist bei uns den Frauen vorbehalten, die sich dem
aktiven Dienst der Göttin geweiht haben. Es sind zur Zeit über 30 Frauen
im Alter von 18 bis 52 Jahren. Die meisten sind oder waren verheiratet und
haben Kinder. Fast alle leben im Rheinland, einige in Norddeutschland.
Elena ist nach Spanien zurückgekehrt.
Wie die Kurzbiographien zeigen, sind wir auch von unseren Berufen her
das, was man normalbürgerlich nennt. Und ebenso erscheinen uns unsere
Fragen, Zweifel, Ängste und Antriebe, die uns auf den Weg der Suche nach
uns selbst geführt haben, für Menschen in unserer Gesellschaft normal und
weit verbreitet.

Ich liebe die Göttin, ich glaube an meine Göttlichkeit,
ich vertraue in die Göttlichkeit

Weil wir in der Entdeckung der weiblichen Kräfte und der großen Möglichkeiten, die in ihrer Entfaltung liegen, für uns persönlich ein großes Glück erleben, und weil wir meinen, daß auch andere Frauen und Männer einen Gewinn davon haben können, wenn sie von dieser Arbeit und von einigen
wichtigen unserer Grundgedanken erfahren, haben wir uns entschlossen,
diesen Bericht zu veröffentlichen.

Nun ist es heute glücklicherweise nicht mehr außergewöhnlich, wenn sich
Menschen zusammentun, um die Probleme zu bearbeiten, die sie mit ihrer
eigenen Identität oder ihren Rollen und Aufgaben im Leben haben. Wenn
aber diese Menschen zu erkennen beginnen, daß die Lösung der persönlichen Probleme zutiefst mit der Lösung einer sowohl gesellschaftlichen als
auch im Menschen selbst angesiedelten Weiblichkeitsproblematik verknüpft
ist, sich also die Fragen nach den eigenen Entfaltungsmöglichkeiten auf das
Problem der Entfaltungsmöglichkeiten des Weiblichen überhaupt zuspitzen,
und wenn sie schließlich, im Ringen um die Frage nach der Funktion und
Bedeutung des Weiblichen, um die Frage: was ist eigentlich "weiblich", was
heißt Frausein - welchen Inhalt und Stellenwert hat das Weibliche im
Menschen selbst und innerhalb der Schöpfung, zu dem Ergebnis kommen:
*im Wesen des Weiblichen und damit im natürlichen Sein der Frau
verkörpern sich nichts weniger als die weiblichen Aspekte des Göttlichen,* dann ist dies schon etwas Außergewöhnliches.

Und wenn dann Frauen, welche entdeckt haben, daß sie *einzig durch die
Tatsache ihres Frauseins* in dem Augenblick, in welchem sie den Anschluß an sich selbst gefunden haben, *leibhafte Verkörperung des
Göttlichen* und zwar mit *aller* ihm innewohnenden Schöpferkraft, Weisheit, Heil und Segen spendenden Wirkkraft werden, es übernehmen, sich
diesem Sein auch wirkend zu stellen: dann, scheint uns, ist das so be-
deutungsvoll, daß es den Versuch rechtfertigt, auch andere über diesen
Weg und diese Wahrheit zu informieren.

Obwohl Frauen bereits in alten Zeiten und Hochkulturen ein solches
Bewußtsein hatten und in diesem Sinne als Priesterinnen der Großen Göttin
lebten und wirkten, erscheint es uns doch richtig, von einem *neuen*
weiblichen Selbstverständnis zu sprechen.

Zwar knüpfen wir, wenn wir die Bedeutung von Weiblichkeit ähnlich sehen
wie sie, bei den Wurzeln unserer weiblichen Geschichte wieder an. Dennoch gehen wir ja nicht wirklich in jene alten Zeiten zurück, wiederbeleben
wir nicht wirklich und vor allem nicht ausschließlich alte Traditionen.

8

Vielmehr sind wir der Ansicht, daß seither - so entsetzlich und erniedrigend auch immer die dazwischen liegende Geschichte für Frauen war - dennoch eine Fülle von Entwicklung stattgefunden hat; Erweiterungen unseres Bewußtseins, unserer freiheitlichen Möglichkeiten, unserer Erkenntnisse, unserer Rechte. Und daß daher nicht nur die Wirklichkeit, in der wir stehen, sondern auch wir selbst anders sind. Und deshalb auch unsere Lebensgestaltung, unsere Aufgaben und die Wirkmöglichkeiten von Frauen als Priesterinnen.

* Es führt also ein Wiederbesinnen auf uns selbst als Frauen, eine Besinnung auf unser Wesen und auf unsere Bestimmung innerhalb der Gesellschaft zu einer *neuen* weiblichen Lebensweise. In dieser geben wir nichts auf von dem, was unsere jetzige Zeit ermöglicht; aber wir gewinnen durch unsere Rückbesinnung alles das hinzu, was uns im Laufe der Geschichte durch patriarchale Usurpation und vor allem kirchlich-politisches Machtstreben genommen wurde.

Daher auch unsere Selbstbezeichnung Ise. Natürlich klingt hier der Bezug zur Isis an, auch zu den keltisch-germanischen Priester-Heilerinnen, den Idisen. Aber es ist eben auch das Neue in diesem Wort mitgegeben. Und ebenso die Erinnerung an *die* Ise, einen kleinen Fluß in der Nähe des alten Isen-Hags - (heute Kloster Isenhagen) - nahe bei unserem Arbeits- und Weiheplatz Wierstorf in der Lüneburger Heide.

Und noch eines: Zu unserem Selbstverständnis gehört, daß wir die Männer lieben. Daß wir uns auf Männer bezogen erleben, *mit* Männern leben. Auch zu unserem Isenkreis gehören Männer: Brüder, Ehepartner, Freunde, Lebensgefährten, welche die Entfaltung der auch im Manne vorhandenen weiblichen Aspekte zu *ihrer* Aufgabe gemacht haben, und die unsere Arbeit in weiten Bereichen teilen. Die uns achten, lieben, ehren und unterstützen, nicht nur aus persönlicher Zuneigung, sondern weil sie *verstanden* und sich überwunden haben.

Schließlich hatten ja auch wir, jede einzelne von uns, viele Hürden und "Abers" zu überspringen, viele Haßgefühle, Vorurteile, Ängste gegenüber "dem Mann" abzubauen, viele immer tiefergehende Einsichten in das Aufeinander-Bezogensein des Männlichen und des Weiblichen sowohl in uns

Mit * markieren wir Aussagen der Isen.

Ich bin frei und habe ein eigenes Wertesystem

selbst als auch in der Lebenswirklichkeit zu machen, bis wir unsere Widerstände dagegen aufgeben konnten, uns gerade von einem Mann über Weiblichkeit lehren zu lassen. Wir haben aber begriffen, daß es wegen der historischen Bedingungen, welche auch den Zugang zu weiten Teilen des Wissens im Sinne des Patriarchats geregelt haben, gar nicht anders sein kann. Und auch nicht wegen der Unterschiede hinsichtlich der primären Aufgabenstellung bei Frau und Mann, sowie gemäß den alten Gesetzen über die Weitergabe des "Wissens". Weil nämlich auch das Geistige, wenn es nicht ins Unnatürliche entgleisen, sondern menschlich bleiben und heilsam sein soll, nur aus dem liebevollen und sich gegenseitig befruchtenden Miteinander von Männern und Frauen hervorgehen kann.

Insofern wünschen wir uns nicht nur, daß es noch viele Frauen, sondern auch, daß es noch viele Männer geben möge, die ihr Leben wieder der Entfaltung und Erstarkung des Weiblichen widmen. Der weiblichen Aspekte in ihnen selbst und der weiblichen Seite von Welt und Gesellschaft. Damit die derzeitige, mehr als verderblich einseitige Betonung des Männlichen endlich ihr Gegengewicht erhalte. Beziehungsweise, weil die Dinge nur dann wieder ins Lot und zu heilvollem Maß kommen, wenn der bislang gänzlich unterrepräsentierte Aspekt des Weiblichen wieder zu seinem Recht und zu seinem Anteil an unserer Welt-, Lebens- und Heilsgestaltung kommt.*

Von den Ursachen weiblichen Leids

Daraus, daß der überwiegende Teil der modernen Menschen- und Seelen-kunde auf Erkenntnissen aufbaut, die an kranken Menschen gemacht wurden, und wegen der Tatsache, daß wir uns heute mehr oder weniger angewöhnt haben, auch seelische (oder psychische) Leiden als Krankheit anzusehen und in den therapeutischen Griff zu bekommen, ergeben sich unter anderem zweierlei gravierende Probleme.

Einmal wird ein Mensch, der seelisch leidet, gezwungen, sich selbst als krank bzw. als therapiebedürftig zu definieren, bevor er den Weg zu einem Helfer antritt. Und viele weigern sich, instinktiv oft zurecht, das zu tun, empfinden sie sich doch subjektiv alles andere als psychisch defekt. Zum anderen wird, jetzt auf Seiten der Helfer, durch eine solche Haltung das Therapieziel, also Heilung, in der Wiederherstellung des befriedigenden Funktionierens innerhalb der gängigen Normen gesehen.

Gehen wir hingegen davon aus, daß der seelisch leidende Mensch, welcher innerhalb des von der Gesellschaft gegebenen Spielraumes durchaus "nor-mal" lebt, arbeitet und auch in Maßen glücksfähig ist, eigentlich ein *Gesun-der* ist, der *gleichwohl* an irgendetwas leidet -, definieren wir Leid also nicht als Krankheit oder Krankheitssymptom, sondern als *Ausdruck gesunden Empfindens*, dann liegt die Vermutung nahe, daß es seine Ursachen offen-bar in Defiziten hat, die *nicht* in innerlichen oder gar pathologischen Bezirken liegen, sondern in der Welt, in der er zu leben gezwungen ist. Daß er, oder sie, also nicht *an sich* leiden, sondern an der Gesellschaft. Daß also *diese* an etwas krankt.

Wenn unserer Gesellschaft aber etwas fehlt, wenn *sie* krank ist, sich aber gleichwohl für gesund und *ihre* Maßstäbe für Richtwerte von Gesundheit hält, verkehren sich die Verhältnisse zu den Zuständen, die heute vorliegen. Der Mensch wird das, was er eigentlich leben müsste, um wirklich heil zu sein, nicht leben können und wegen des daraus entstehenden Leidens für krank gehalten. Der Zustand der Gesellschaft bleibt dadurch bestehen, das Leiden des Menschen trotz aller Therapieversuche auch. Denn die angebo-tene und gegebene Hilfe wird beständig in die falsche Richtung geleistet.

Ich stehe in Verbindung mit der Göttlichkeit

Ja mehr noch. Solange nicht gesehen wird, daß vieles an psychischem Leid seine Ursache im *gesunden* Bestreben des Organismus hat, etwas zur Entfaltung zu bringen, was lebens- und glücks*notwendig* ist, dieses aber in der Gesellschaft als *nicht* normgültig, sondern als krankhaft und als etwas Wegzutherapierendes angesehen wird, macht man die Sache noch viel schlimmer. Der Mensch wird dann nämlich wirklich krank. Die Chancen auf Heilung sinken immer mehr und die Gesellschaft, als das Ganze solcher immer kränkeren Menschen, wird ihrerseits zunehmend kränker, ohne daß dieser Prozeß unterbrochen werden könnte.

Betrachten wir einen Löwen, eine Löwin im Käfig. Ob sie darunter leiden, hier eingesperrt zu sein, statt ein wesens- und artgemäßes Leben in der Freiheit der Savanne zu führen? *Falls* sie aber leiden, ist dieses keine Krankheit, sondern ein Leid daran, daß ihnen vorenthalten wird, was zu ihrem wesenhaften Sein gehört. Daß also ihre natürliche Seinsart sich nicht angemessen entfalten kann, sondern in entscheidenden Teilen beschnitten ist.

Es dürfte einsehbar sein, daß das Leiden entfällt und sich Heil - Glück in diesem Sinne - einstellt, sobald ein Leben gemäß den naturnotwendigen Wesensbedürfnissen möglich ist.

Indem wir Leiden also definieren oder *auch* definieren können als Symptom von Defiziten in der Entfaltung unseres ureigensten natürlichen Wesens, d.h., als Symptom dafür, daß wir von uns selbst und von dem, was wir *wirklich* sein könnten und *müssten*, weit entfernt sind, können wir zu folgenden Fragen weiterschreiten: a) wie ist denn wohl dieses mein natürliches, ureigenstes Wesen? Und b) was hält mich davon ab, es voll zu entfalten? Beziehungsweise: Was müsste geschehen, was müsste ich tun, wie sollte ich sein und leben, damit diese Entfremdung und mithin das aus ihr resultieren- de Leid entfällt?

Da sich bei genauer Betrachtung die zweite Frage klärt, wenn die erste beantwortet wird, müssen wir uns dieser zuwenden. Hierbei geraten zwei Hauptaspekte unseres Menschentums in den Blick: Wir sind Menschen. Also dürfen bezüglich *aller* dem Menschen nötigen Bedürfnisse keine Defizite bestehen. Das bezieht sich auf Dinge wie die allgemeinen Existenzgrundlagen, also Nahrung, Kleidung, Obdach, Geld, Sicherheit, soziales Netz, Entfaltung geistiger und schöpferischer Potenzen, sexuelle Befriedigung, Freiheit, Rechtssicherheit, Achtung der menschlichen Würde u.v.a.m.

Wir sind aber auch Individuen. Also muß auch all das lebbar sein, was speziell aus dem individuellen So-Sein an ganz persönlichen Bedürfnissen entspringt: Entfaltung der persönlichen Fähigkeiten und Talente, Achtung, Zuneigung zum individuellen Wert, freie Entfaltung des persönlichen Bekenntnisses etc.

Die meisten dieser Dinge sind heute für den abendländischen Menschen nicht mehr oder kaum mehr defizitär. Und vor allem unser deutsches Grundgesetz und die auf ihm aufbauende demokratische und soziale Wirklichkeit garantieren und erfüllen zumindest theoretisch diese Anforderungen. Aber dennoch bleibt Leiden. Und zwar eigenartigerweise überwiegend bei dem Teil der Menschen, welcher auch wiederum den größten Anteil innerhalb von Selbstfindungsseminaren oder in der therapeutischen Klientel stellt: bei den Frauen.

Es liegt daher die unvermeidliche Konsequenz nahe, daß *speziell* Frauen Defizite haben, die bislang nicht abgestellt sind, und die auch von unserem Grundgesetz, unserem Staat und unserer Gesellschaft bisher nicht erkannt werden.

Bei diesen Defiziten spielt natürlich die immer noch nicht vorhandene Gleichstellung der Frau in unserer Gesellschaft eine große Rolle. Jedoch: bereits der Ausdruck "Gleichstellung" zeigt das große und in die Tiefe führende Problem. Gleichstellung mit wem? Mit dem Mann?

Sollte diese Gleichstellung sich auf anderes beziehen als auf gleiche Rechte, Möglichkeiten, Freiheiten, sollte sie auch nur im geringsten in Richtung auf eine Wesensgleichheit von Frau und Mann gedeutet werden, so wäre das arg, verkennen wird doch dann die *Eigenheiten* und *Eigenartigkeiten* des Weiblichen (und auch des Männlichen). Damit verstellen wir uns den Blick sowohl darauf, daß es solche wesensmäßigen Eigenheiten des Weiblichen überhaupt *gibt*, als auch darauf, daß entscheidende Defizite - also Leid - bei Frauen unter Umständen gerade daraus resultieren, daß diese wesenhaften Eigenheiten des Weiblichen nicht gesehen werden, nicht gelebt, nicht entfaltet werden können. Und daß eben deshalb Selbstwertdefizite, Mangel an eigener Identität, Ohnmachtsgefühle, Frustrierung, Depressivität, ja mancherlei psychosomatische und andere Krankheiten die Frauen bedrücken. Und in zunehmendem Maße - als Folge davon - allergische oder

---

Ich gebe mich der Liebe und dem Leben hin

ähnlich erkrankte Kinder geboren werden. Und nicht zuletzt auch unsere Gesellschaft an spezifischen Problemen krankt, die ihren Ursprung in dieser zwar vielfach von den Frauen *empfundenen* aber bisher kaum von ihnen *benennbaren* Mißachtung des Weiblichen haben.

Zwar finden sich in unserer Verfassung die persönliche Begabung (Art.6), Religion, Kultur und Wissenschaft (Art.18), auch Handel und Gewerbe (Art.28) als förderungswürdig, werden religiöse und persönliche Eigenart geschützt und gefördert, ja heimatliche und landsmannschaftliche Besonderheiten. *An keiner Stelle jedoch finden wir die Entfaltung weiblicher Eigenart als förderungswürdig. Sie wird gar nicht genannt!* Es wird so getan, als gäbe es sie nicht oder als sollte es sie nicht geben.

Unser Grundgesetz betont in Artikel 3: Alle Menschen sind vor dem Gesetz gleich, und: Männer und Frauen sind gleichberechtigt. Das ist in Ordnung. Auf das jedoch, was an Männern und Frauen *nicht* gleich ist, auf das, was *nur* und ausschließlich dem weiblichen Geschlecht eignet und daher *besonders* beachtet, gefördert, geschützt und mit *eigenen Sonderrechten* ausgestattet sein müsste, wird nicht eingegangen. Da Frauen aber keine Männer sind(!) *und sich weibliches Sein nicht restlos mit männlichem Sein deckt und identifizieren läßt,* kann hier nur von einer verfassungsmäßigen und gesellschaftlichen Unterdrückung des Weiblichen gesprochen werden. Von einer allgemeinen Tendenz, weibliches Sein, weibliche Wesensart, weibliche Grundbedürfnisse nicht zur Entfaltung kommen zu lassen. Dies ist unbedingt zu ändern!

Von dieser Unterdrückung des Weiblichen in unserer Gesellschaft und von der Hinorientierung und Hinerziehung zu einer rein männlichen Seinsweise sind naturgemäß Frauen in ihrer *Ganzheit, d.h. in ihrem gesamten Sein* betroffen, ist Frau doch per Definitionem weiblich. Dem Manne und der männlich orientierten Gesellschaft als solcher hingegen sind diese Defizite nicht primär empfindbar, können doch alle männlichen Wesenszüge durchaus gelebt werden. Natürlich beinhaltet auch männliches Sein vom Grunde her weibliche Aspekte, denken wir nur an das sog. X-Chromosom. Und auch die Frau ist selbstverständlich, ganzheitlich gesehen, nicht ausschließlich weiblich, sondern verfügt über *mindestens* jene Anlagen und Fähigkeiten, über die auch der Mann verfügt (wie könnten Frauen sonst Männer gebären?). Dennoch trifft die Unterdrückung der weiblichen Elemente die Frau besonders deshalb so viel stärker als den Mann, weil bei

14

diesem zumindest die *ihm* wesenseigenen Aspekte gelebt werden können, bei Frauen hingegen das eigene *Wesenszentrum* unterdrückt, die wesens-*ferneren* Aspekte des Männlichen ihnen stattdessen als einzig menschliche eingeredet und zur alleinigen Ausprägung gestattet werden.

Das hat zur Folge, daß die Frau sich selbst verliert, bzw. gar nicht erst findet. Und es hat weiter zur Folge, daß sie die männlichen Aspekte entweder massiv überbetont oder aber, sofern sie das nicht zu leisten ver-mag, ihre weiblichen Aspekte, die sie für ihre Unfähigkeiten verantwortlich macht, auch subjektiv ablehnt. Also in Selbstmißachtung, Selbsthaß und Selbstzerstörung verfällt. Der Mann wird allenfalls beklagen, daß ihm wahrhaft Weibliches, auf das er sich liebend beziehen könnte und durch das er sich, als seinen natürlichen Gegenpol, ergänzt und in seinem gesamt-menschlichen Spektrum bereichert fühlen würde, kaum begegnet. Er wird das dann aber wohl nur als "Pech" abhaken. In seinem Selbstverständnis und So-Sein an sich belastet ihn das Fehlen des Weiblichen kaum.

Männer leiden also in der Tat weniger als Frauen und empfinden auch nur mit Mühe und viel gutem Willen die großen Nachteile, die unserer Gesell-schaft, ja der Menschheit insgesamt, dadurch entstehen, daß der größte Teil der Menschen, die Frauen, *nicht glücklich sind, nicht sie selbst sind* und auch nicht *ihren*, d.h. den spezifisch weiblichen Anteil am Wohlergehen der Menschheit erbringen können. Solange dies jedoch so ist, solange also Frauen als solche, Frauen als Lebenspartnerinnen und Frauen als der größere Teil der Menschheit nicht *ihr* Sein als Gewicht und Gegengewicht zum Männlichen in Welt und Leben einbringen können, bleibt das Dasein insgesamt krank, einseitig, ja geradezu homophil pervertiert.

Entdeckung und Entfaltung des Weiblichen also als große Aufgabe sowohl in Richtung auf persönliche wie auch allgemeine Wohlfahrt. Und diese Entdeckungsreise wird zum Ausgangspunkt nehmen müssen die Frage, *was denn nun "weiblich" eigentlich ist.*

Wegen der jahrtausendelangen Unterdrückung weiblichen Seins, d.h., weil Weibliches wieder oder noch so fremd und ungelebt und daher auch weitgehend unbekannt ist, ist es schwer, schon jetzt zu umfänglichen und

---

Ich bin das Zentrum meines Lebens

vollgültigen Antworten zu kommen. Hier liegt für die Zukunft noch ein großes und fruchtbares Entdeckungsfeld. Jedoch ist klar, daß diese Frage mindestens biologisch, psychologisch und philosophisch-theologisch beantwortet werden muß.

Abb. 2. Sphinx, ca. 2. Jhdt. v.Chr.

Wesenszüge des Weiblichen

Einige Hauptaspekte dessen, was das Weibliche ist oder umfaßt, werden im Verlaufe dieses Buches dargestellt werden. Dennoch sei hier vorweg versucht, einen gewissen ersten Orientierungsrahmen abzustecken.

In erster Linie ist das Weibliche definiert durch bestimmte biologische Grundtatsachen, also alles das, was von der Biologie her den weiblichen Organismus ausmacht. Dieses läßt sich beschreiben als die Organe und Funktionen der Empfängnis, der Schwangerschaft, des Gebärens und des Nährens. Dazu gehören natürlich die tiefen hormonellen und zellularen Einzelfunktionen, die Dinge, die sich diesbezüglich bereits im Leibe des Mädchens und in der Pubertät abspielen, die monatliche Periode aber auch die Phänomene der Wechseljahre und der Menopause. Besonders wesentlich und für die Unterschätzung des Weiblichen wahrscheinlich mitverantwortlich ist die Eigenart der weiblichen Anatomie, daß sich die geschlechtsspezifischen Organe hauptsächlich *innen* befinden.

Nach unseren heutigen Kenntnissen können wir davon ausgehen, daß sich psychische, geistige und seelische Strukturen, zumindest soweit es sich um *wesentliche*, d.h. wesenseigene und das Wesen bestimmende Züge handelt, im Verbund mit den organischen Gegebenheiten entfalten. Das heißt, auf diesen aufruhen und mit diesen im Wechselspiel stehen. Dies gestattet uns aber in sprachlicher Ableitung von Adjektiven ("Wie-Worten"), zu einer annähernden Beschreibung weiblichen Seins zu gelangen. Eine *wenigstens minimale* Definition wird also sagen müssen: Weiblich ist empfangend, gebärend (oder gebärfähig), nährend, erhaltend. Es ist zyklisch, d.h. wiedererneuernd. Es ist Wunde.

In anderer Formulierung: Weiblich bedeutet Leben geben, Leben achten, Leben lieben und erhalten, Gezeiten lebendiger Rhythmen verkörpern. Altes, d.h. Unfruchtbares abstoßen, Lebensfähigkeit wiedererneuern. Verwundbar, verletzlich, empfindsam, mitfühlend und schöpferisch sein. Mit einem Wort: Weiblich ist in aller erster Linie körperhaftes und körperbezogenes, besser noch: Leibhaftes Sein. Das empfindet jede Frau vor allem in sich selbst. Betrachten wir jedoch z.B. den Umstand, daß der weibliche Körper von jeher im Zentrum der bildenden Kunst steht, so sehen wir daran, daß die Ver-

---

Ich bejahe meine Weiblichkeit und deren Befruchtung durch das Männliche und ich bejahe meine männlichen Aspekte und deren Befruchtung durch das Weibliche

schwisterung von Weiblichkeit und Leibhaftigkeit noch in weit mehr beruht, als nur in den biologischen Funktionen. Vielmehr spricht sich hier die einzigartige Stellung des Frauenkörpers im Reich des Schönen und innerhalb der Formenfülle der Welt aus. Weiches gepaart mit Rundem, grazile Linienführung mit Volumen, charakterliche Eigenart und Harmonie vereinigen sich hier einerseits immer wieder zu einem einzigartigen Ziel des Schauens, des sinnenhaften Wahrnehmens und auch unerschöpflicher Gestaltungsmöglichkeiten. Und, auf der anderen Seite, zum Inbegriff weiblichen Lebensgefühls und Selbstausdrucks.

Daß dabei auch stets der Busen besonders beachtet wird, verwundert nicht. Die Anziehungs- und Ausstrahlungskräfte, welche dieses Geschlechtsorgan natürlicherweise hat, sind es nicht alleine, die ihm diese Bedeutung geben. Vielmehr ist die Frauenbrust das Organ, in dem sich sichtbar und spürbar alles das verkörpert, was wir in ganz besonderem Maße unter weiblich verstehen: Liebe und Geborgenheit, Herz und Verströmen, Mut und Stolz, Wärme und Annahme. Und indem das Menschenkind an der Brust der Mutter nicht nur Nahrung, sondern auch tiefste Befriedigung und Glück findet, wird diese grundsätzlich zum Symbol der Fülle aller Lebensgaben.

Das gängige Mißverständnis zu glauben, Empfangen sei etwas Passives, verdeckt einen weiteren Hauptaspekt weiblichen Seins. Da es sich nämlich viel eher um eine Art aktiver Aufsaugbewegung handelt, läßt sich hieran erkennen, daß weibliche Aktivität insgesamt *eine eher introvertierte Aktivität ist.* Auch ist weibliches Sein und Denken wohl stärker nachsinnend, hinfühlend, nach- und erspürend. Ist bildhaft, gefühlt, meditativ und analogisch verwebend. Im ganzen eher offen, an Perspektiven und Möglichkeiten orientiert, hoffnungsvoll und vom Grunde her schöpferisch. Auch die Fähigkeit, etwas gebührend reifen zu lassen, also Geduld und zähe Ausdauer, gehören dazu.

Und schließlich auch ein ganz eigener Bezug zum Tod, ein Bewußtsein der Endlichkeit allen Lebens und ein "Dennoch" und "Trotzdem". Denn jedes Gebären ist ein Gebären zum Tode hin, ein Angebären *gegen* ihn, ein immerwährendes Ausgleichen dessen, was er hinwegnimmt. Partnerschaftlich geradezu und in gegenseitigem Einvernehmen.

Noch weitere Aspekte dessen, was "das Weibliche" umfaßt, entdecken wir, wenn wir einmal zum älteren Sprachgebrauch hinsehen. Alles, was in sprachlicher Anlehnung oder Lautähnlichkeit vor allem zu den Grundworten

18

"Mutter", "Weib", "Frau" gebildet wurde, scheint ja als dazugehörig, als wesensverwandt und deshalb auch als sprachverwandt betrachtet worden zu sein. Lat. *mater* führt uns dabei zu Matrix, materiell, also zu den Ebenen der Ursubstanz, des Unter- und Hintergrundes allen dinglich-gegenständlichen Seins. Das althochdeutsche *muoter* zu Mut, Gemüt, Vermutung (Ahnung), *frouwe* zu froh, Freude; der Name der Göttin *Frouwa* oder *Freiya* zu Freiheit.

Eine ganz besondere Fülle an Kennzeichnungen des Weiblichen ergibt sich aus den verschiedenen Lautungen und Gebräuchen des Wortes Weib, ahdt. *wîp* oder *wif*, gotisch *wiP*. Da der Laut *P* sowohl als *f, p, th* (wie im Engl.), *s, ss, sz* oder *z* (*cc*) und das lange *î* auch als *e* oder *ei* gesprochen wurden, begegnen wir hier als weiblich sowohl Wissen und Weisheit, Wesen und Wehen, Wiese und weich, witch und Witz. Und dem Weizen ebenso wie der Farbe Weiß.

Mag es auch schwerfallen, all diese Dinge und noch viele andere mehr, die sich aus weiteren Ableitungen ergeben, als *speziell und spezifisch weiblich* zu betrachten, so kann sich doch dem tiefer Nachsinnenden eine Ahnung davon eröffnen, was die Alten meinten, was sich also letztlich doch als Wahrheit hier ausspricht. Bedenken wir nur einmal das Wort Wissen, mit dem ja etwas ganz anderes gemeint ist als jene Anhäufungen von Informationen und Fakten, die wir heute mit diesem Wort belegen. Früher (und eigentlich) bedeutet Wissen etwas Umfassenderes, etwas Tiefes, ein Einsehen und Wissen um Ursprünge, Wahrheiten und Zusammenhänge, also darum, wie es in Wahrheit und hinter allem äußeren Anschein *wirklich* ist. Und meint etwa "Weisheit" eine Lebensweise, ein Umgehen mit Menschen und Dingen, welche diesem Wissen Rechnung tragen. *Daß* aber solches Wissen und solche Weisheit auch und vor allem erahnt, erspürt, am eigenen Leib und in der eigenen Existenz erlebt und erlitten sein wollen, daß sie nur gefunden werden können, wenn auch ein *Zugang* im Menschen da ist zu den Tiefen, den Wirklichkeiten, den Ursprüngen und Wirkkräften des Lebens und des Daseins, - und daß es eben die Frauen sind, welche diesen Zugang *natürlicherweise* in sich besitzen, die Ahnungskräfte, die Geduld, das Gespür dafür: solches mag dem Einsichtigen durchaus bald einleuchten. Und damit ein Verständnis dafür sich eröffnen, *wie sehr* das alles wohl doch wahr ist.

Ich bin göttlich und ganz

Abb. 3. Die Weiße Tara. Java, 13. Jahrhundert

Das Weibliche und das Göttliche

Jeder, der mit der Praxis therapeutischer oder pastoraler oder einer anderen Art von sozial-psychologischer Arbeit einigermaßen vertraut ist, wird wissen, daß es in der allergrößten Mehrzahl Frauen sind, die hier Hilfe, Ansprache oder sinnerfüllende Betätigung suchen bzw. finden. Das hat viel damit zu tun, daß das Soziale wie das Seelische dem Weiblichen insgesamt näher sind. Es hat aber auch - wie schon gesagt - damit zu tun, daß Frauen im Bereich des Seelischen, ja in weiten Bereichen ihrer weiblichen Psyche an Defiziten leiden, und daß sie Hilfe zu deren Beseitigung eben nicht durch eine verstärkte Hinwendung etwa zu den Wissenschaften oder den Künsten oder der Schulmedizin zu finden glauben, sondern eben bei Seelenkundigen.

Weil nämlich diese Defizite hauptsächlich darin liegen, daß den Frauen in den vergangenen Jahrhunderten verstärkt dort ihre Persönlichkeit, Identität und Würde sowie wirkliche Repräsentanz geraubt wurde, wo es ausschließlich und zentral um das menschliche Seelenheil geht, in den Religionen. Und der große Erfolg, den in den letzten Jahrzehnten asiatische Spiritualität, selbst der vergleichsweise schlichte Hatha-Yoga, zu verzeichnen hat, der enorme Zustrom vor allem von Frauen zu den Bezirken der Esoterik, der Selbsterfahrungsbewegung, des New Age und ähnlichem, liegt wahrscheinlich in der Hauptsache darin, daß die Menschen hier wieder das zu finden hoffen, was die traditionellen Kirchen entweder selbst verloren haben oder aber ihnen, d.h. in erster Linie den Frauen, verweigern und absprechen: den direkten Umgang mit- und den Kontakt zum Göttlichen. Und damit die Chance zu wirklichem seelischem Heil.
Wenn es nämlich für das leiblich-seelische Wohl des Menschen *tatsächlich* von Bedeutung ist, daß er sich in Beziehung zu einem wie auch immer definierten Göttlichen befindet, wenn also das personale Aufgehobensein des Menschen in Gott und die geistig-seelische Rückbindung an diesen einen *wirklichen* Hauptfaktor für menschliches Heil, Glück und Entfaltung darstellt, dann ist die weitgehende Ausklammerung der Frauen aus diesem Bund mit Gott, wie sie seit den Frühzeiten des Abendlandes, ja in Ansätzen auch schon viel früher, erfolgte, Grund und Ursache für ihr Leid sowie Anlaß für ihre Suche.

Ich habe eigene Erkenntnis und Selbstbewußtsein

Daran ändern auch einzelne Alibi-Nischen wie Nonnentum oder Heilig-sprechungen von Frauen nichts. Denn die Hauptverneinung des Weiblichen in religiöser und damit seelisch heilsamer Hinsicht liegt nicht so sehr in den männlich dominierten Hierarchie- und Personalstrukturen der Kirchen, sondern in dem von diesen vermittelten Gottesbild selbst. Das gilt für die christliche, jüdische und islamische Religion zur Gänze, für den Buddhismus zum großen Teil. Männlich gedachte Gottheiten beherrschen hier den Himmel, werden verehrt und angebetet, und von männlichen Priestern und Theologen werden sie rechtfertigt und repräsentiert, wird Segen und Lehre verkündet.

Daß das Christentum das Weibliche sogar bis an den Rand der schieren Tier- und Teufelsnähe drängte, läßt sich vielleicht noch verschmerzen, wenn diese Verirrungen aufgegeben und wenn die dadurch geschlagenen Wunden im Seelenleben der Frau geheilt werden. Daß sich die Frau aber vor allem in ihren spezifisch weiblichen Wesenszügen und spezifisch weiblichen Belangen von männlichen Priestern und Göttern gar nicht verstanden, mithin nicht angenommen fühlt, und daß vor allem das Weibliche nicht zur Göttlichkeit *tauge*, sondern eben nur männliches Sein, *das* erklärt den tiefen Zorn und Haß der Frauen, erklärt ihre tiefe Verzweiflung, ihre unendliche Ohnmacht und ihr hoffnungsloses Leid. Denn wenn und solange dieses so ist, wird, was immer sie sind, was immer sie tun, ohne Hoffnung und Chance bleiben, jemals die Niederungen des Menschlichen verlassen zu können, wird ewig Zweifel darüber sein, ob sie *wirklich* - besser: ob *auch sie* wirklich erlöst werden. Ja es wird ihre Angst beständig bestehen bleiben, daß stimmt, was diese männlichen Priester im Namen dieses männlichen Gottes von ihnen behaupten: daß sie ursündhaft und urverderbt seien. Und daß sie also, *weil* und *solange* sie Frauen sind, auch dermaleinst vor dem ewigen Richterstuhl des Herr-Gott's keine Gnade - weil eben kein Verständnis und Mitgefühl - erwarten können.

An all diesem ändern auch zweitrangige "Gottheiten" wie Maria nichts (und die gilt auch nur für katholische Frauen). *Wirkliches Heil kann für Frauen nur dadurch entstehen, daß auch das Weibliche sich im Bereich des Göttlichen repräsentiert sieht.* Daß also nach einer weiblichen Göttin gesucht, daß diese gefunden wird, und daß auch Frauen den Dienst dieser Göttin übernehmen. -- Daß sich eine solche weibliche Gottheit nicht *erfinden* läßt, ist klar. Aber *finden* läßt sie sich wohl.

22

Dazu bedarf es auch keiner allzu großen Mühe, zeigt uns doch die einfache Anwendung unserer Vernunft den richtigen Weg: Schwanger sein, Gebären und Nähren, mit einem Wort: Erschaffen, sind nun einmal die Wesenseigenheiten des Weiblichen. Daraus folgt, daß ein göttliches Wesen, welches zuoberst *diese* Eigenschaften hat, nur verwirrten Geistern als Mann erscheinen kann. Wenn also ein göttliches Wesen gedacht wird, welches die Welt und den Menschen erschaffen haben soll - wenn ein göttliches Wesen gedacht wird, welches uns erhält, uns unser täglich Brot gibt, Natur und auch menschlichen Geist fruchtbar sein läßt, alle Existenz liebend birgt: *dann kann dieses göttliche Wesen nur weiblich sein!*

Die Leben spendende und Leben erhaltende Funktion des Weiblichen abzuleugnen, wenn es um Überlegungen bezüglich der Erschaffung von Welt und Mensch geht, bedarf schon höchst abenteuerlicher Konstruktionen, wie wir solche denn auch etwa im christlich-biblischen Schöpfungsbericht finden. Weil der Mann-Gott Jahwe es eben sein soll, welcher alles erschaffen hat, muß das Bild eines biederen Töpfermeisters herhalten, welcher Lehm zu Menschen formt; oder das Bild eines Metzgers, welcher einem lebenden Wesen - Adam - eine Rippe herausschneidet. Das hätte ein weiblich gedachtes göttliches Wesen *beileibe* nicht nötig!

Solche Mätzchen zu glauben, sollte sich ein Mensch, der einige Würde hat, schämen. Und auch der Würde eines Gottes ist es recht abträglich, wenn er über geringere Fähigkeiten verfügt als seine Geschöpfe. Im Ernst: so das Göttliche Wesen, wenn wir schon an eines glauben, das Wunder der Fruchtbarkeit und des Lebenschenkens - also das *Wunderwerk Frau* - erschaffen konnte, verfügt es auch selbst über *mindestens* diese Eigenschaften. Ist also *mindestens* eine Göttin! Ist *mindestens* mütterlich!

Ein Weiteres kommt aber dazu. Nach allem, was wir bisher wissen, stand am Anfang der Evolution, welche zu unserem heutigen Menschsein herführt, eine Reihe von Wesen mit recht wenig geistigen Qualitäten. Aber durchaus viel Körper. Und reichten auch diese Wesen mit ihren Ursprüngen herauf aus den Tiefen des noch Materielleren. Aus schierer Biologie, Chemie, Physik.

Auch der gegenwärtige Mensch kommt zwar in der Regel mit dem Kopf zuerst zur Welt, jedoch rechtfertigt das noch lange nicht die lebenslange

---

Ich bin Autorität und zeige Mut

Selbstüberschätzung des Kopfes, *er* sei das Wichtigste am Menschen. Denn nachweislich sind es *nicht* zuerst Geist und Verstand, die das Leben des Menschenkindes bestimmen, sondern Körperliches, Natürliches, Biologisches.

Abb. 4. Die Göttin Nut als überwölbender und Leben spendender Himmel.
Ägypten, römische Periode

Daß sich der Geist, wenn er es denn mit Glück tut, daraus bildet und entfaltet, ist wunderbar. Und daß der Mensch wiederum auf alles das, wozu ihn dieser Geist befähigt, stolz ist, ist recht. Nicht recht freilich ist es, und nur Kindern nachzusehen, welche ihre jeweils neueste Entdeckung und Errungenschaft für die auch wichtigste und größte halten und alles andere darüber vergessen und geringschätzen - , nicht recht also ist es zu meinen, der Geist sei *vor* dem Körper, oder gar, er erschaffe ihn und sei dadurch *über* ihm.

Und wenn es auch legitim sein mag, die geistigen Funktionen als die eher männlichen zu bezeichnen, so wäre es dennoch nicht möglich, sie in Gestalt eines Göttlichen an den Anfang des Seins zu stellen.

Auch Geist und in gewisser Weise wohl auch Seele bleiben, metaphorisch gesprochen (und auch das Göttliche ist ja im wesentlichen Metapher), immer *Kind* gegenüber jenem, was sie hervorbringt; sei es nun der menschliche Körper, sei es die Natur oder sei es irgend ein allwaltend Unendliches. Und das bedeutet, daß auch dem Geist-Kind gegenüber der Körper oder die Natur oder das Göttliche *Mutter* ist.

Das Hervorbringende ist immer Weib!

Und wollen wir denn, um dieses unendliche Mysterium des Hervorbringens ehrend zu bedenken, liebend zu verehren oder ihm uns in hoffender Bitte zuzuwenden, es ein *Göttliches* nennen, so ist auch dieses *weiblich. Und also sind auch alle weiblichen Wesen Inkarnationen dieser weiblichen Gottheit, tragen ihre Kräfte in sich und wirken als ihre irdischen Vertreterinnen.*

Nur der psychologisch sicher verständlichen Ohnmacht des Männlichen gegenüber dieser ewig-weiblichen Fähigkeit ist es zuzuschreiben, daß Männer im Laufe der Geschichte den Versuch unternahmen, diese natürliche Dominanz des Weiblichen zu brechen. Und nur so ist es historisch verständlich, daß mit zunehmender weltlicher Macht der Männer (die Frauen hatten nie so viel Zeit und sind auch nicht so geartet, weltliche Macht aufzubauen, so sie doch die natürliche Macht haben), die Göttlichkeit des Weiblichen und mithin auch die Weiblichkeit des Göttlichen immer mehr negiert wurde und unter Zuhilfenahme männlicher Geistesakrobatik immer mehr männlich gedachte Götter erfunden wurden.

Ich empfinde Freude und Lebenslust

Diese Ausgeburten und die sie erklärenden und stabilisierenden Theologien, Kirchen und Religionen haben es schließlich nicht nur zur weitgehenden Abschaffung aller weiblichen Gottheitsvorstellungen und Göttinnen gebracht, sondern auch zwangsläufig und nicht zuletzt mit Gewalt zu einer Ab- und Unterwertung der Frau, ja des Weiblichen und weiblicher Seinsweise überhaupt.

Die Verneinung der Priorität des Leiblichen gegenüber dem Geistigen und die daraus resultierende Verneinung der Zusammengehörigkeit von Göttlichem, Weiblichem, natürlicher Geschöpflichkeit, Güte, Liebe und anderer zu einem heilen Dasein gehörenden Dinge führte schließlich zur Notwendigkeit, das als männlich-geistig-unkörperlich gedachte Göttliche nach irgendwo außerhalb von Welt und Mensch, also in ein "Jenseits" zu verlegen. Und das Weibliche, als das Ungöttliche, Leibbezogene (später sogar: als Ursprung und Quelle menschlicher Sündhaftigkeit) wenn nicht direkt in die Hölle, so doch an den Rand der Gesellschaft zu drängen.

Daraus ergab sich unsere auch heute noch gängige Zuordnung des Göttlichen zu Bezirken, die als "übernatürlich" angesehen werden, d.h. die Idee, nicht das Natürliche, nicht das in Bezug zu Erde, Leiblichkeit und zum Weiblichen Stehende, sondern eben das außer- und jenseits des Natürlichen liegende Übernatürliche sei der Sitz des Göttlichen und der einzige Bereich, in dem alles wirklich Gute sich befindet.

Die Konsequenz dieser Ausweisung des Göttlichen, des Guten, der Wahrheit, der Liebe, ja aller wirklichen Werte von Menschlichkeit und Leben aus der Welt bekommen wir heute immer mehr zu spüren. Und so erweist sich die Austreibung des Weiblich-Göttlichen zusehends in Wahrheit als Selbstabtreibung des Menschen.

Betrachten wir es recht, so sind immerhin jene Christen noch ein wenig besser dran, welchen die weibliche Göttin wenigstens in Gestalt der Maria geblieben ist. Jedoch verdankt ein großer Teil dem Herrn Luther auch noch die Entsorgung dieser! - Es wäre jedoch, um den wahren Verhältnissen wieder näher zu kommen, an der Zeit, das Märchen von der Jungfräulichkeit Marias über Bord zu werfen, dient doch auch dieses letztlich zu nichts anderem, als die natürliche Weiblichkeit dieser Frau und die grundsätzliche Heiligkeit des Natürlichen, also auch *alles* Leiblichen zu schmähen. Mehr noch: Es wäre nicht falsch zu begreifen, daß die Bezeichnung "Mutter Gottes" ernst zu nehmen ist. Daß also nicht nur Jesus aus dem Weiblichen geboren wurde (wie auch Buddha, Mohamed und alle anderen weisen

Männer!), sondern, daß der Ausdruck "Mutter Gottes" oder "Gottesmutter" sagt, daß das göttliche Prinzip selbst noch von einem Weiblichen herstammt! (Vgl. auch Abb. 16).

Diese Große Göttin in ihren drei Perioden weiblichen Seins - nämlich als Jungfrau, Liebende und Mutter - bildet in Wahrheit die Ur-Dreieinigkeit. Und die Gestalten der männlichen Dreieinigkeit Vater, Sohn und hl. Geist sind nichts anderes als patriarchale Umwertungen.

Natürlich wollen wir nicht abstreiten, daß auch das Männliche Anteil am Göttlichen hat, und daß auch Vater, Sohn und Geist sowohl in der Lebenswirklichkeit als auch in der religiösen Wahrheit ihren Platz und ihre Funktion haben. Gleichwohl können wir die Verneinung der weiblichen Gottheitsaspekte nicht mehr dulden!

Betrachten wir die Geschichte, so finden wir bei allen großen Kulturen die weibliche Gottheit repräsentiert. Es kümmert uns heute nicht mehr, ob sie hier Isis und dort Isthar, hier Freiya oder dort Hera genannt wurde, ob sie eher in ihrem jungfräulichen Aspekt verehrt wurde als Athene, Kore oder Diana-Arthemis, in ihrem mütterlichen als Maria, Demeter oder Sarasvati oder in ihren liebenden oder künstlerisch-musischen Aspekten als Venus-Aphrodite, Morgaine oder Lakshmi. Und es ändert auch nichts an ihren weiblichen Qualitäten, wenn, wie bei Kali, Lilith oder Thiamat, eher der verschlingend-abtötende Aspekt des Schöpfertums mit Andacht und Respekt verehrt wird.

Wir sollten heute nicht mehr der Versuchung erliegen, grundsätzliche Unterscheidungen zwischen Wert, Größe oder Segenswirkung der verschiedenen Aspekte und Ausgestaltungen der *alleinen* weiblichen Gottheit zu treffen. Wichtig ist für uns einzig, die Weibliche Göttlichkeit *als solche* wieder zu sehen, sie als "die Große Göttin" wieder zu ehren und ihr wieder den *ihr* gebührenden Platz innerhalb der menschlichen Religiosität und in unseren Herzen einzuräumen.

*Und wichtig ist es, vor allem wenn wir Frauen sind, uns an *sie* zu wenden; zu lernen, uns als *Ihre* Verkörperung zu erleben, *Sie* als spezifisch *unsere* Gottheit anzusehen. Und, wenn wir uns denn dazu berufen fühlen, in *Ihren* Dienst zu treten.*

Ich habe Vertrauen, daß die Göttin mich führen wird

Geschichtliches zur Verehrung der Großen Göttin und ihrer Abschaffung

Daß die Verehrung der Göttin unter den verschiedensten Namen und Aspekten in den frühen Hochkulturen des mittelmeerischen Raumes und auch darüber hinaus einen zentralen Platz einnahm, steht historisch außer Frage. Daß jedoch die weibliche Religion und ein dazugehöriges weibliches Priesterinnentum wohl bereits von den ältesten Zeiten an und erdumspannend *die* religiöse Ausdrucksform schlechthin war, und daß es erst in den neueren Zeiten der Geschichte eines mehrere Jahrhunderte während gewaltigen Brennens und Totschlagens bedurfte, um weibliche Religiosität und vor allem den persönlichen Umgang der Frauen mit ihren Gottheiten auszurotten, wird uns heute erst klar. Denn erst heute gestatten uns die errungenen Freiheiten von den Fesseln patriarchaler und vor allem kirchlicher Indoktrinierung einen freieren Blick auf's Ganze der Geschichte und eine vorurteilslosere Betrachtung und Interpretation der geschichtlichen Quellen.

Mit zu den ältesten Zeugnissen menschlicher Kultur zählen eine Fülle von weiblichen Figuren, denen man heute eindeutig den Charakter einer Verbildlichung der Göttin zuschreiben kann. Zu den berühmtesten gehören die sog. Venus von Willendorf oder die Venusfiguren von Mauern, Gagarino, Laussel und Lespugne. Zeitlich werden diese Plastiken zwischen 30 000 bis 4000 v.Chr. eingeordnet. Das heißt, sie reichen vom Ende der letzten Eiszeit bis in den Beginn der mittelmeerischen Antike. Allein die Anzahl der gefundenen weiblichen Figuren im Gegensatz zu männlichen - E. Neumann (Die große Mutter) gibt ein Verhältnis von 55 zu 5 an und bezweifelt darüber hinaus zu Recht, daß den männlichen Figuren überhaupt kultische Bedeutung zukam -, beweist uns die praktisch ausschließliche Dominanz der weiblichen Religion. Auch Felsbilder und Vasenzeichnungen bis herunter in die geschichtliche Zeit bieten uns immer wieder weibliche Gottheiten oder Priesterinnengestalten.

Erst im Laufe zunehmender Verstädterung, Militarisierung und Übernahme der weltlichen Macht durch männliche Herrscher bildete sich nach und nach der Typus eines männlichen Gottes und einer diesem zugehörigen männlichen Priesterschaft heraus. Androgyne Zwischenstadien, wie sie für

Dionysos oder auch Zeus belegt sind, kennzeichnen die Übergänge. Gerade jene mit Bart *und* Brüsten dargestellte Gestalt des Zeus ist dabei auffällig, aus dessen Haupt(!) die Göttin Athene geboren wird.

Abb.5. Venus von Laussel

Ich gönne mir etwas, genieße, sorge gut für mich

Ein besonders interessantes Licht auf die Periode der Ablösung weiblichkeitsorientierter Religionen durch männliche Vereinnahmung und Zerstörung wirft die Geschichte Kretas, vor allem deren minoische Kultur. Es gilt als erwiesen, daß in der Zeit zwischen ca. 4000 und 1500 v. Chr. auf Kreta die wohl höchstentwickelte Kultur des Altertums sich gebildet hatte. Und daß hier nahezu ausschließlich weibliche Gottheiten verehrt wurden und es auch fast nur Priesterinnen waren, welche den Kult ausübten.

Abb. 6. Schlangengöttin. Kreta, ca. 1600 v. Chr.

Ebenfalls ist gesichert, daß diese kretische Kultur ein Höchstmaß an Kunstgestaltung hervorbrachte, in absoluter Friedfertigkeit, Luxus und Lebensfreude lebte, über ein sehr hohes Maß an Natur-, Pflanzen- und Tierwissen verfügte und darüber hinaus auch eine einzigartige politische Sonderstellung hatte. Diese gestattete es, Paläste und Ansiedlungen ohne jegliche Mauern zu ihrer Verteidigung zu errichten. Gegen 1500 v. Chr. wird diese blühende weibliche Kultur von den kriegerischen Achäern überrannt und verfällt danach der Bedeutungslosigkeit.

Immerhin behält in den mittelmeerischen Hochkulturen die Verehrung weiblicher Gottheiten und die Ausübung des Kultes durch Priesterinnen noch einen zumindest gleichwertigen Rang. Ja wir können sogar davon ausgehen, daß die Zentren der weiblichen Religion, wie z.B. der berühmte Tempel der Diana zu Ephesos oder das von einer Priesterin ausgeübte Orakelamt zu Delphi oder auch die Demeter- und Koremysterien zu Eleusis unumstrittene Priorität besaßen. Eine erstaunliche Bemerkung zum Thema Priesterinnentum finden wir bei Herodot (um 484-425 v.Chr.), welcher in seinen Historien ausführliche Beschreibungen seiner Reisen zu den großen damaligen Nachbarn der Griechen gibt. Bei seinem Besuch Ägyptens wundert er sich sehr darüber, daß es dort nur männliche Priester gibt. Dieses zeigt uns, daß er das weibliche Priesteramt überall sonst auf seinen ausgedehnten Reisen als normale Einrichtung kennengelernt hat. Es zeigt uns aber ebenso, wie sehr sich in Ägypten bereits die männliche Priesterschaft *auch* die Kulte der weiblichen Gottheiten (Nut, Isis, Hathor etc.) angeeignet hatte. Es erstaunt nicht, vor allem, wenn wir, wie beispielsweise aus der Lebensgeschichte des Moses, um die enge Verbindung von Ägypten und Judentum wissen, daß wir auch in der jüdischen Religion bereits recht früh einen rein männlichen Kult vorfinden. Dennoch gehen neuere Forschungen davon aus, daß selbst Jahwe eine weibliche Vorläufergottheit (evtl. in Eva oder Lilith) besaß.

Vom Sturz weiblicher Gottheiten durch männliche Götter und ihre Priester berichtet uns auch die babylonische Mythologie, vor allem die großen Epen "Der Kampf des Gottes Marduk mit der Göttin der Finsternis Thiamat" sowie "Die Höllenfahrt der Isthar". Die damalige Ambivalenz der weiblichen Gottheit zwischen positiv und negativ zeigt sich besonders gut darin, daß Thiamat als Göttin der Finsternis negativ gesehen, aus dem Götterhimmel ausgestoßen und vernichtet wird; die volkstümliche Isthar dagegen, eine

---

Ich bin unabhängig in Gedanken, Worten und Werken

Parallelgöttin zu Astarte, Aphrodite, Venus, zwar ebenfalls in das Totenreich und in die Finsternis hinabsteigen muß, jedoch *nach* ihrer Höllenfahrt in der Oberwelt wieder willkommgeheißen wird.

Abb. 7. Lilith. Sumer, ca. 2000 v. Chr.

Dieses Motiv des Abstiegs der weiblichen Gottheiten in die Unterwelt, das wir z.B. auch im Mythos von Isis auf ihrer Suche nach Osiris, im Demeter-Kore-Mythos oder bei Göttinnen wie Persephone oder Euridike finden, begründet sich in seiner positiven Form in den Frühzeiten femininer Religiosität aus der Betonung des Fruchtbarkeitsaspektes der Göttin, welcher ja ihr Eingehen in die Tiefen von Acker und Erde als nötig betrachtet, sowie aus den vielfältigen Gleichsetzungen weiblicher Gottheiten mit Sonne, Mond und Nacht, deren periodisches Untergehen jeweils auch für die Göttin galt.

Im Zuge der patriarchalen Umwertungen vor allem im Juden- und später im Christentum wird nun besonders dieser Aspekt gezielt dazu benutzt, die Nähe der weiblichen Gottheiten zur Unterwelt als Nähe zum Teufel zu deuten und damit auch die Abwertung der Frau, welche Eva bereits zur Komplizin des Teufels gemacht hatte, weiter zu stabilisieren. Besonders extrem zeigt sich dieses Vorgehen am Beispiel Luzifers, der ursprünglich die lichtbringende Göttin Diana Lucifera war.

Es ist einfach nicht zu leugnen, daß der Siegeszug der jüdisch-christlichen Religion gleichzeitig der Untergang der weiblichen Gottheiten, ihrer Priesterinnen und ihrer Kulte war. Und daß mit dieser Ausschaltung der weiblichen Religion die generelle Erniedrigung der Frauen und ihre Entwürdigung als Menschen einherging.

Zwar konnte sich im Rom der ersten nachchristlichen Jahrhunderte noch der Dienst und der höchst angesehene Rang der Vestalinnen halten. Dieser Kult wurde erst um 300 von Kaiser Diokletian aufgelöst. Und ebenso hielten sich auch die Verehrung der Isis und einiger anderer Göttinnen noch geraume Zeit. Dennoch hatte die patriarchale Dominanz der Apostel innerhalb der christlichen Urgemeinden und nicht zuletzt das Verdikt des Paulus, "mulier taceat in ecclesia", d.h., "Frauen sollen in der Kirche nicht reden", den Grundstein für die nachfolgende Vermännerung unserer Religion gelegt. Und es spricht für sich, das Paulus' Ausspruch später dahingehend ausgelegt wurde, daß Frauen in der Kirche nichts zu sagen haben.

Man kann wohl Jesus selbst eine solche Haltung nicht vorwerfen. Bei rechter Würdigung der besonderen Stellung, die Frauen wie Maria, Martha und vor allem Magdalena bei ihm hatten, läßt sich eher annehmen, daß

Ich verzeihe mir selbst und anderen

einige frauenfeindliche Äußerungen, die ihm zugeschrieben werden, unter-
schoben sind. Wahrscheinlich ist es sogar so, daß er den Frauen auch
kultisch einen Rang einräumen wollte und eben dieses vom absolut patriarchalen und frauenfeindlichen jüdischen Klerus zum Hauptanlaß für seine
spätere Hinrichtung genommen wurde. Vgl. dazu u.a. Math. 13,33, wo
Jesus sagt: "Das Himmelreich ist gleich einem Sauerteig, den eine Frau
nahm und unter drei Maß Mehl mischte, bis das Ganze durchsäuert war"
zus. mit Joh. 6,35ff. etc., oder die Salbung Jesu durch Magdalena mit
Weiheöl, welche dieser betont gutheißt, in Verbindung mit den mosaischen
Vorschriften über Funktion und Gebrauch des Salböls im priesterlichen
Tun; oder die von Maria und Martha herbeigeführte Erweckung des Lazarus, welche die Hohenpriester und Pharisäer veranlaßt, Jesus (und, wie sie
sagen, am besten auch Lazarus und die Frauen) zu töten, weil "um derent-
willen viele von den Juden hingingen und an Jesus glaubten" (Joh. 11,45ff.
und 12,10f.).
Die Frauen waren im Israel zur Zeit Christi praktisch vom Kult ausge-
schlossen. Frauen derjenigen Bevölkerungsschichten, welche dem Hellenis-
mus zugeneigt waren, fanden dagegen die Möglichkeit, ihre religiösen Bedürfnisse in nichtjüdischen Tempeln zu stillen. Und daß Jesus engsten Umgang mit diesen Kreisen hatte, in denen wahrscheinlich Maria Magdalena
eine bevorzugte Stellung einnahm, wird ihm ja von den strenggläubigen
Juden häufig genug vorgeworfen. Wir sollten nicht übersehen, daß der rela-
tiv kleine Staat der jüdischen Theokratie umgeben war von Staaten, in denen
es noch eine Vielzahl weiblicher Gottheiten und ihrer Tempel gab. Und wir
dürfen vermuten, daß diese auch von jüdischen Frauen aufgesucht wurden.
(Es ist im übrigen genau die bereits in den Makkabäerbüchern geschilderte
Befürchtung, daß der jüdische Tempel von den Besatzungsmächten "ent-
weiht", d.h. auch den Frauen geöffnet werden könnte, welche nach der
Erweckung des Lazarus wieder laut wurde und zum Verurteilungsbeschluß
gegen Jesus und Lazarus führte).
Bei genauer Betrachtung der politisch äußerst gespannten Situation jener
Zeit, welche im wesentlichen vom Streit um die Nachfolge Cäsars und die
Auseinandersetzung Roms mit Ägypten beherrscht wurde, können wir hier
einen letzten großen Machtkampf des römischen und auch jüdischen Patriar-
chates gegen die von Kleopatra und Marcus Antonius angeführte Welt der
alten matriarchalen Kulturen bzw. gegen die Welt der hellenistischen

Freizügigkeit sehen. Dieser Kampf und damit die Weichenstellung der nachfolgenden Geschichte in die totale patriarchale Beherrschung wurde durch die Niederlage des Antonius und der Kleopatra in der Seeschlacht bei Actium im Jahre 31 v. Chr. entschieden.

Abb. 8. Diana Lucifera. Rom

Ich treffe Entscheidungen in allen weltlichen und religiösen Fragen

Die verwirrende Vielfalt in den innerjüdischen Machtverhältnissen spiegelt noch in den Jahrzehnten bis zur Geburt Jesu nicht nur rein israelitische, sondern eben auch diese weltpolitischen Auseinandersetzungen. Der unterschiedlichen Parteinahme der verschiedenen jüdischen Herrscherdynastien für Rom oder Ägypten und damit für oder gegen den römisch-patriarchalen Militarismus kommt auch für die Beurteilung der Lebensgeschichte Christi eine große Rolle zu. Man wird also nicht umhin können, z.B. die Rollen eines Herodes, einer Salome, einer Magdalena oder auch der hl. Maria - und damit die Herkunft Christi - neu zu bedenken.

Die Unklarheit über den Vater Jesu, die von ihm erwartete auch weltliche Nachfolge im jüdischen Königtum, die Verfolgungen durch Herodes und nicht zuletzt Marias Flucht nach Ägypten werfen hier viele Fragen auf. Es ist nicht von der Hand zu weisen, daß sie dort im großen Isistempel auf Philae Zuflucht fand. Und es ist auch nicht von der Hand zu weisen, daß der häufige Aufenthalt Jesu am See Genezareth und dort eben vor allem im Hause der Maria zu Magdala etwas mit Bezügen zum großen Muttertempel der Astarte in Gerasa zu tun hat, lag dieser doch nur knapp 5o km von Galiläa entfernt.

Es wäre also verlockend und paßt im übrigen zu Gestalt und Botschaft des Nazareners, zu vermuten, daß er von seiner Herkunft und Erziehung her in durchaus matrimonialen Traditionen stand. Und daß sein Bewußtsein, sein Leben und seine Lehre sehr viel mehr mit jener Welt weiblicher Religiosität zu tun hatte, als uns die Überlieferung mitteilt.

Wenn man die von der Kirche unterdrückten sogenannten apokryphen Evangelien sichtet, so fällt auf, daß nicht nur ein Evangelium der Magdalena existiert, sondern, daß auch viele Textstellen dieser Schriften von großen Auseinandersetzungen der Apostel - vor allem des Petrus - mit Magdalena berichten. In diesen Streitigkeiten geht es immer wieder darum, daß die bevorzugte Stellung Magdalenas und der anderen Frauen, welche Christus ihnen *auch gegenüber den Aposteln* einräumte, bedauert und gerügt wird. Und auch jene seltsamen Begebenheiten beim Ostergeschehen, wo es einzig und zuerst die Frauen waren, welche die Auferstehung gewahrten und denen der Auferstandene erschien - ja die Tatsache, daß er *sie* beauftragte, den Männern von der Auferstehung zu berichten, nähren den Verdacht, daß im Nachhinein männliche Herrschaftsansprüche innerhalb der Kirche, ja schon bei den Aposteln selbst, eine grundlegende Funktion der Frauen, wie sie evtl. daraus abzuleiten wäre, getilgt haben.

36

Bis Kaiser Konstantin um 325 aus politischen Erwägungen das Christentum zur Staatsreligion machte, war dieses nur eine unter den vielen Sekten des Altertums. Und vor allem gegenüber der griechisch-römischen Glaubensvielfalt äußerst einseitig und absonderlich.

Abb. 9. Die Hohepriesterin vom Cerro de Los Santos, ca. 500 v. Chr.

Ich handle wertfrei und zeige Stärke

Obwohl es später durch das weite Ausbreitungsgebiet des römischen Imperiums zu großer Verbreitung fand, hielt sich dennoch über Jahrhunderte hinweg weit und breit die ab jetzt "heidnisch" genannte Verehrung der alten, und d.h auch, der weiblichen Gottheiten. Innerhalb der christlichen Kirche hatte, wie gezeigt, bereits früh das jüdisch-römisch verwurzelte Patriarchat die Oberhand gewonnen. Und so hatte, bedingt durch die jüdische Herkunft dieser Religion und die Ausschaltung der Frau bereits kurz nach dem Tode Jesu, keinerlei weibliches Gottesbild in ihr Platz. Aber auch die Hoffnung der nichtjüdischen Frauen, in dieser neuen Religion wenigstens als Amtsträgerinnen einen gebührenden Platz zu erhalten, was sie ja aus ihren traditionellen Religionen heraus gewohnt waren, wurde sehr schnell enttäuscht. Es verwundert vielleicht heute zu hören, daß in der Urkirche, zu Paulus' Zeiten und auch danach, Frauen immerhin das Amt von Diakonissinnen bekleideten. Sie konnten die Lehre verkündigen, Sünden vergeben und das Abendmahl spenden. Als vom Bischof eingesetzte Würdenträgerinnen übten sie also vollgültig das Priesteramt aus. Es muß aber vermutet werden, daß dieses nur ein Zugeständnis an den damaligen Zeitgeist, nicht aber die Anerkennung weiblicher Rechte und Fähigkeiten war. Denn dieses Amt wurde mit fortschreitender Ausbreitung des Glaubens sowie zunehmender Identifizierung von Kirche und Staatsmacht bald aufgegeben. Einzig die Ostkirche zählte im 6. Jahrhundert noch rund 20 Diakonissen zum Klerus. Aber auch diesen wurden schon kurz danach die Funktionen des geistlichen Amtes streitig gemacht. Die Rolle der Frau innerhalb des Christentums beschränkt sich seither - zumindest in der katholischen Kirche - auf ein Dasein als Nonne ohne jegliches geistliche Amt, auf Pfarr- und Seelsorgehelferinnen und im übrigen auf die Verweisung auf Hausfrauen- und Mutterpflichten.

Auch die weiblichen Gottheiten sind im Laufe der ersten Jahrhunderte n. Chr. nach und nach ganz abgeschafft worden. Kennzeichnend für die in den Anfängen sehr subtile und politisch geschickte Vorgehensweise der neuen Religion ist dabei, daß sie sich, solange ihre Macht noch nicht gefestigt war, bemühte, die alten Traditionen nicht einfach auszurotten, die "heidnischen" Kultorte oder auch Kultbilder nicht einfach zu zerstören. Vielmehr arbeitete sie mit den Methoden der Überlagerung und der langsamen Verdrängung. Beispielhaft dafür ist unser Bild der vielleicht ältesten erhaltenen Marienplastik aus dem 3. Jahrhundert. Diese war mit ziemlicher Sicherheit vorher ein Kultbild der Isis und wurde einfach umbenannt (Abb.1).

Entsprechendes widerfuhr den meisten Weihe- und Tempelbezirken, deren Altäre und Götterbilder umgetauft oder in denen christliche Kirchen errichtet wurden. Daß die hl. Anna ursprünglich Diana war oder Anna-Selbdritt die ehemals weibliche Dreieinigkeit von Jungfrau-Tochter, Frau und Mutter, die hl. Brigitte nichts als die keltische Göttin Bridget oder "unsere Liebe Frau" nichts als die germanische "liebe Freya", mag dabei wahrscheinlich sein.

Abb. 10. Keltische Muttergöttin, 2. Jhdt. n. Chr.

Und desgleichen, daß die großen keltisch-germanischen Jahresfeste wie Beltane, Lugnasat, Halloween oder Bridget einfach durch die auf die selbe Zeit angesetzten christlichen Feste z.T. überlagert, z.T. zersprengt wurden.

Ich sehe nach außen und innen

Für das bedeutendste Fest nicht nur des keltisch-germanischen Religions-
kreises, das Frühlingsfest oder *Beltane*, das beim ersten Frühlingsvollmond
gefeiert wurde, war das ja z.B. nicht schwierig. Kreuzigung und Auferstehung Christi sollen ja auch an *Passah*, d.h. Ostern (dem alten Fest der *Ostara*), stattgefunden haben. Und so ließ sich leicht das Gedenken und Feiern
dieser Vorgänge mit dem Termin des Frühjahrsfestes zusammenlegen. Daß
anläßlich der traurigen Geschehnisse im alten Jerusalem freilich davor eine
gehörige Fastenzeit gelegt wurde und auch für die Kartage selbst Fröhlich-
keit nicht angesagt war, unterband das bis dahin herrschende fröhliche und
aktiv sexuelle Treiben an Beltane ganz von selbst. Die wenigen Heiden und
Frauen, welche von diesem Fest und seinen Bräuchen nicht lassen wollten,
waren gezwungen, auf Termine davor und danach auszuweichen. Und so
haben wir in der Tat vorher Karneval mit seinen Überresten als Frauenfeier-
tag an Weiberfastnacht und danach Walpurgis mit Maibaum, Maikranz und
Tanz sowie seiner überlieferten Bedeutung als "Hexensabbat".
Mit zunehmender Festigung der christlichen Kirchenmacht in Europa etwa
ab dem Jahr 1000 konnte darangegangen werden, auch die bis dahin noch
vorhandenen Reste weiblicher Kulte und weiblicher Heilsarbeit auszutilgen.
Wir dürfen nicht übersehen, daß zwar im Verlaufe der Völkerwanderung,
also zwischen dem 3. und 7. Jahrhundert, die Welt der klassischen Antike
untergegangen war, daß aber an den Rändern des mittelmeerischen Raumes
insbesondere die Kelten und Germanen weitreichende Herrschaftsgebiete
besaßen. Die Krönung Karls des Großen zum römischen Kaiser und Schirm-
herrn der Christenheit im Jahre 800 ist nur *ein* Markstein auf dem Wege des
Vordringens des Christentums ins Fränkisch-Keltisch-Germanische. Schon
früh nach Irland und England eingedrungen, fraß sich die neue Religion
langsam aber sicher auch nördlich der Alpen vor und hatte schließlich bis
zur Zeit des höfischen Rittertums, also zwischen 1000 und 1200, nahezu
ganz Europa verschlungen. Allerdings vorerst im wesentlichen nur die geho-
benen Gesellschaftsschichten. Im Volk und an weniger zugänglichen oder
politisch und wirtschaftlich nicht so wichtigen Randgebieten hielten sich
hartnäckig noch alte Traditionen. Diese bezogen sich nicht nur auf den
Glauben an weibliche Gottheiten, sondern vor allem auf die grundsätzliche
Ansicht der Göttlichkeit des Weiblichen als solchem.
Einen ganz bedeutungsvollen Hinweis dazu, durch welchen wir überdies
auch in die Lage versetzt werden, das, was das Christentum in Germanien

40

wirklich angerichtet hat, besser einzuschätzen, erhalten wir durch Tacitus. Dieser schreibt in seiner *Germania*: "Die Germanen glauben sogar, den Frauen wohne etwas Heiliges und Seherisches inne; deshalb achten sie auf ihren Rat und hören auf ihren Bescheid. Wir haben es ja zur Zeit des verewigten Vespasian erlebt, wie Veleda lange Zeit bei vielen als göttliches Wesen galt. Doch schon vor Zeiten haben sie Albruna und mehrere andere Frauen verehrt, aber nicht aus Unterwürfigkeit *und als ob sie erst Göttinnen aus ihnen machen müßten.*"

Die sogenannten "weisen Frauen", insbesondere die Idisen, waren Heilerinnen, Seherinnen, Schamaninnen, und noch bis lange ins Mittelalter hinein standen germanische Frauen in dieser Tradition. Je mehr sich das Christentum ausbreitete, um so mehr verfielen sie der Verketzerung und Ausrottung. Die Geschichte der Eroberung und Bekehrung der Pruzzen (Preußen) durch die Kreuzritter oder der Friesen und Sachsen durch Karl d. Großen spricht hierüber Bände.

Die Titel und Bezeichnungen vor allem der Priesterinnen wurden zu Benennungen für das Heidnische und Böse; ja selbst, was sie taten oder wie sie waren, wurde immer mehr in den Bereich des negativen Denkens und negativen Sprachgebrauchs verbannt. So wurde aus der Druidin die böse Trud, aus der Hagasussa, d.h. der auf der Hecke Sitzenden, die böse Hexe, aus der Holla, Hel oder Hulda die Unholdin, aus ihrem Raunen und Wirken ein versponnenes Gefasel, ein Abrakadabra und Hexeneinmaleins und aus ihren Heiltränken ein Gebräu aus Krötenaugen, Kinderleichenteilen und Teufelspisse.

Den Reflex dieser allmählichen Um- und Abwertung des ursprünglichen positiven Frauen- und Priesterinnenbildes finden wir noch sehr deutlich in vielen alten Volksmärchen, wo uns etwa in "Frau Holle" noch ganz die positive Gestalt der Göttin, in "Hänsel und Gretel" dagegen bereits die Abwertung der Naturgöttin bzw. Naturfrau in ihrem Leb(ens)kuchenhaus zur bösen Hexe oder in "Rumpelstilzchen" ihre Umwertung in einen garstigen, unfruchtbaren und den bösen Mächten nahestehenden Gnom begegnet.

Ich bin eine freie, sexuelle Frau, die Lust und Liebe empfindet -
Ich habe reife sexuelle Verhaltensweisen

Wurden noch den römischen Vestalinnen als Ehrenzeichen mit Bändern um-
wickelte Rutenbündel vorangetragen oder steckten sich römische oder gal-
lische Frauen, wenn sie zum Opfer schritten, kleine Reisig- oder Zweigbü-
schel in ein Stirnband, so galten Rute und Reisigbesen nunmehr als Symbole
und Werkzeuge böser Hexerei bzw. von Strafe und Züchtigung. Ein sehr
schönes Beispiel für diese Abwertung bietet die Tradition von Nikolaus
bzw. Knecht Ruprecht. Die uralte germanische Sitte, daß weise Frauen (vor
allem die Idisen) segnend aber auch ermahnend durchs Land zogen, hatte
sich symbolisch als Umzug der gabenspendenden aber auch tadelnden Frau

Abb. 11. Diana von Ephesus. 2. Jhdt. n. Chr.

Perchta gehalten. Dieser wurde vom Christentum ein Bischof zur Seite gestellt, der ihr die Funktion des Lobens und Schenkens abnahm; sie dagegen wurde immer mehr in die Rolle der nurmehr strafenden, häßlichen und bösen (ruppigen) Alten gedrängt und schließlich als Rup-percht zum Kinderschreck, ja geradezu zu einer Teufelsgestalt.

Abb. 12. Frau oder Göttin in segnender Haltung, ca. 13. Jhdt. v. Chr.

Hatten Priesterinnen und freie Frauen, ja die freien Kelten und Germanen überhaupt, vordem noch ihr Haar als wichtigstes Symbol ihrer Freiheit und ihrer Verbundenheit mit dem Göttlichen offen und lang getragen, oder es, je nach rituellem Zweck, zu den verschiedensten Frisuren gelockt oder gesteckt oder geflochten, so galt ab jetzt, daß die züchtige und fromme christliche Frau als Zeichen ihrer demütigen Hörigkeit Tag und Nacht eine Haube zu tragen habe. Das offen wehende Haar dagegen wurde zum Symbol für Sündhaftigkeit, hexisches Wesen und Teufelsbesessenheit.
Wie stark die Abwertung der weiblichen Gottheiten und ihrer Priesterinnen war, läßt sich gut daran erkennen, daß ihre wesentlichsten Symbole zu Attributen und Kennzeichen des Teufels selbst gemacht wurden. So die aus der kultischen Bedeutung der Haare und der in Gebetshaltung erhobenen Hände hervorgegangene Symbolik der Hörner. Diese hatte bereits früh auch zu

---

Ich löse meine Probleme und Konflikte

kultischer Verehrung gehörnter Tiere, vor allem Widder, Stier und Hirsch geführt oder auch zur Ausstattung männlicher Fruchtbarkeitsgötter wie Dionysos/Pan oder Cerunnos mit Hörnern oder Geweih.

Abb. 13. Cerunnos, vom Silberkessel aus Gundestrup, ca. 1. Jhdt. v. Chr.

Die Verehrung, die sich hier ausdrückt, wird im Sprachzusammenhang von Geweih und Weihe ja auch unmittelbar deutlich. Aber auch die Göttin selbst wurde immer wieder so geschmückt dargestellt. Und es verwundert folglich nicht, daß die Hörner dem Teufel zugeordnet wurden, und auch alle Arten abwertender Bezeichnungen für Weibliches bzw. Sexuelles aus diesen Zusammenhängen kommen. Dabei reicht die Palette von "jemandem Hörner aufsetzen", d.h., den Ehemann betrügen, bis zu "blöde Kuh", "Rindvieh", "Hornochse", "Ziege", "dummes Schaf" ja "widerlich", "bockig", "Hurenbock". Ebensolches gilt auch für andere Atribute des Teufels, wie z.B. seinen Bocks-oder Pferdefuß, welcher von Dionysos/Pan bzw. der Gestalt des Centauren, einer klassischen Heilerfigur der griechischen Antike, übernommen wurde.

Abb. 14. Isis-Hathor mit Horus. Ägypten, 8.bis 6. Jhdt. v. Chr.

Ich bin produktiv und kreativ

Das gleiche Vorgehen finden wir beim anderen Hauptsymbol weiblicher Gottheit, der Schlange. Bereits im frühen Judentum, als die alten Göttinnen Eva und Lilith abgesetzt und in böse Gottheiten verwandelt wurden, wurde auch sie zur Symbolfigur des Bösen. Die in den jüdischen Nachbarländern wie Syrien noch lange vorhandene Verehrung der Schlangengöttin konnte so auch religionspolitisch dazu benutzt werden, diese Völker als "Teufelsanbeter" zu verketzern und die jüdische Religion als die einzig wahre darzustellen. Das Christentum hat sich, wie wir wissen, diese Haltung zu eigen gemacht. Durch die selbstverständliche Zusammengehörigkeit von Göttin (Eva) und Symbol (Schlange) war es, jüdisch-christlich gesehen, ja die Wahrheit, zu verkünden, Eva und jede ihrer Töchter seien der Schlange verhaftet, seien von Urzeiten her mit ihr in freundlichem Umgang vereint. Und der Umwertung der alten Göttin und ihrer Symbole ins Negative folgt dann der Schluß: alle Evastöchter - sprich: alle Frauen - sind von Urzeiten her dem Bösen verfallen. Sind den Einflüsterungen des Teufels, dem Versucher, dem Sündhaften besonders zugetan bzw. ausgeliefert. Und folglich besonders erlösungsbedürftig. Müßten also besonders viel beten und Buße tun. Und seien besonders in Zucht und Zaum zu halten.

Die Zuordnungen von Göttin, Heidentum, Frau, Schlange, Verfallenheit ans Böse einerseits und die Zuordnung von Hörnersymbol, Bockswesen, Zeugungskraft und Teufel andererseits ergeben also ganz schnell das christlich-mittelalterliche und bis heute tief verinnerlichte Scenario: die Frau ist dem Versucher, der Schlange, dem Bösen verfallen. Sie ist gleichermaßen dem männlichen Bock verfallen, also sündiger Sexualität. Sie ist von Hause aus triebhaft und damit jene, die auch den ach so untriebhaften und nach Höherem strebenden Mann, dieses Ebenbild Gottes, immer wieder - wie Urmutter Eva den Adam - zur Sünde verführt. Ihn so des Paradieses beraubt, ihn in die Nähe des Teufels, ja in die Hölle bringt. Also ist der Frau mit größter Vorsicht zu begegnen, ist sie einer besonderen Strenge zu unterwerfen, ist sie in größtmöglicher Zucht und christlich-keuscher Demut zu erziehen und zu halten. Und deshalb hat der Mann über sie und ihre Sittlichkeit, ja über all ihr Tun, Lassen, sogar ihr Denken, strengstens zu wachen. Nicht nur, um *seines* Seelenheiles, sondern um der Christenheit und des Guten (der öffentlichen Sitte und Moral z.B.) als solcher willen.

All jene Frauen aber, die sich auch nur im geringsten der häuslichen und öffentlichen Zucht des Mannes entziehen oder sich über Gebühr frei oder sinnlich-verführerisch verhalten, jene, die sich gar den kirchlichen Geboten

Abb. 15. Atargatis oder Dea Syria

Ich öffne mich meinen Trieben, Instinkten und Impulsen

widersetzen und natürlich besonders alle, die noch irgend etwas mit einem alten Kult, mit Natur oder weiblicher Heilspraxis zu tun haben, beweisen damit, daß sie in der Tat vom Teufel besessen sind. Da *er* der Widersacher Gottes und der Feind der Kirche ist, sind *sie*, als seine Helfershelferinnen, seine Werkzeuge zur Zerstörung der Religion und des männlich-christlichen Heilswerkes auf Erden. Also: steh auf, Christenheit und wehre Dich gegen diese Satansdienerinnen, diese Teufelsbrut, diese Hexen!

Und schon bald flammen überall in Europa und später auch in den eroberten Ländern der Neuen Welt die Feuer der Hexenverbrennungen, grinsen die Folterknechte, wenn sie Frauenleiber verstümmeln, ertönt der frömmelnde Singsang der in Frauengewänder gekleideten und natürlich kurzgeschorenen Mönche und Pfaffen, welche die Seelen jener "verirrten Menschen" dadurch für's ewige Heil zu retten versuchen, daß sie die Leiber verbrennen, zerhacken, ersäufen.

Das Zeitalter der Inquisition: der peinlich-grausamen Befragung der Frau, ob sie es wohl noch wage, Eigenes zu denken, zu fühlen, zu sein. Ob sie es denn wage, noch nach *ihren* Kenntnissen von Natur und menschlichem Bedürfnis Kräuter zu sammeln, Leiden zu lindern, anzubeten, was *sie* für anbetungswürdig hält - mit einem: Verkehr zu pflegen womit und wann *sie* es will.

Und mit den Opfern und den Feuern verglimmen in den Jahrhunderten bis 1750 die Reste weiblichen Selbstwertgefühls, fallen die Reste weiblicher Heilswirkung, und schließlich, mit Luther, auch die Reste jeder weiblichen Göttlichkeit in Asche.

Denn bei aller Ungeheuerlichkeit der inquisitorischen Barbarei hatte die Kirche es doch immerhin nicht vermocht, das Weibliche als etwas Verehrungswürdiges ganz zu beseitigen. Sie hat es zwar vom Throne des Gottheitsanspruchs gestoßen, ihm die Heiligkeit jedoch nicht abzusprechen vermocht. Vor allem Maria als die Mutter Jesu und auch die anderen Frauen um ihn ließen sich eben doch nicht ganz aus der Kirche streichen. Sie waren ja auch vorher in doppelter Hinsicht zur Überlagerung der alten weiblichen Gottheiten gut brauchbar gewesen. Einmal war durch sie jene Beibehaltung der alten Figuren und Kultorte möglich, da ja nur die Namen (und, wie man bei *Anna* sieht, auch die fast nicht) ausgetauscht werden mußten. Die Glaubensfunktion aber, wie etwa bei der großen Himmelsherrin und Allmutter mit ihrem lichtbringenden Sohn, welche jahrtausendelang weit verbreitet war, brauchte nicht angetastet zu werden. Zum anderen wiederum gelang es dadurch, daß den Frauen um Jesus kein Gottheitsanspruch zuerkannt wurde, den alten Gestalten gerade diese wichtigste Eigenschaft zu nehmen.

Langsam waren zwar die Gestalten einer Isis oder Freiya, einer Diana oder Ostara, einer Arianrhod oder Sirona hinter dem Bilde der christlichen himmlischen Mutter oder auch der reinen Jungfrau oder jenem der Himmelskönigin oder anderer Heiliger verblaßt. Sternenmantel jedoch und Mondsichel, die Schlange (wenn auch jetzt unter dem Fuß) oder auch die nährende Brust der All-Fruchtbarkeit, das Zepter und die Krone der Weltenbeherrscherin blieben.

Und so blieb letztlich die große weibliche Göttin im Gefolge anderer verehrungswürdiger heiliger Frauen immerhin Bestandteil der Religion. Ja im Volksglauben sogar *allergrößter* Bestandteil. Ob es um den Segen der himmlischen Gebärerin für die Frauen in Geburtsnöten, die Fürbitte der himmlischen Mutter um Kindersegen, den Schutz der Himmelskönigin und Beherrscherin der himmlischen Heerscharen vor jeder Art von Gefährdung ging: Wenigstens durch die Gestalt Marias und der anderen weiblichen Heiligen fühlten sich die Frauen hinreichend in Gottes Nähe und vor Gottes Thron repräsentiert. Wenigstens von ihnen konnten sie sich noch verstanden fühlen, wenigstens sie waren ihresgleichen. Und auch noch heute ist es gerade Maria, zu der Millionen wallfahren, von welcher Millionen Segen, ja Wunder erwarten.

Einen schönen Hinweis, wie *wenig* sich trotz aller Verfolgungen und Verzerrungen das Bild und die Wahrheit der Großen Göttin als der wahren All-Mutter auch aus der christlichen Religion vertreiben ließ, geben jene Marienplastiken, welche zu öffnen waren und welche *in sich,* d.h. in ihrem Bauch, den männlichen Gott und seinen Sohn tragen. Deutlicher kann wohl nicht dargestellt werden, daß das Göttlich-Weibliche, die unendliche All-Isis, *auch* den christlichen Gott hervorgebracht hat. Es ist keine Frage, daß diese noch zu Beginn der Neuzeit existierenden Plastiken von der Kirche bald streng verboten und nahezu alle zerstört wurden.

Ich habe Liebe und Offenheit für einen Mann

Abb. 16. Vierge Ouvrante, Frankreich, 15. Jhdt.

Herrn Luther blieb es vorbehalten, auch der Maria und den anderen Heiligen - und damit jeglicher Vertretung des Weiblichen "im Himmel" - den Garaus zu machen. Weibliches Kirchenamt dagegen läßt sein Glaube zu. Und so haben wir denn heute in den christlichen Religionen den seltsamen Umstand, daß wir hier zwar eine Kirche mit Pfarrerinnen, ja neuerdings sogar Bischöfinnen haben *ohne* weibliche Gottheit; also einen rein männlichen Götterhimmel, den auch Frauen vertreten. Und da zwar eine weibliche Muttergottheit, jedoch eine ausschließlich männliche Priesterschaft. Daß beide Arten Abarten sind, verquere Pervertierungen, dürfte hinreichend deutlich geworden sein. Ob dabei jene Frauen, die Priesterinnen des männlichen Gottes sind, mehr von diesem verstehen als ihre männlichen Amtskollegen von ihrer weiblichen Göttin, darf bezweifelt werden. Und ob sich Frauen in ihrer Gläubigkeit und ihrer Sehnsucht nach Gott besser von den männlichen Priestern gegenüber Maria oder besser von den Pfarrerinnen gegenüber dem Herr-Gott und dem Herrn Jesus vertreten fühlen, ist auch die Frage!

Es scheint so zu sein, als ob für viele Frauen beides nicht mehr stimmt. Und es liegt die Vermutung nahe, daß die Wiedereinsetzung einer weiblichen Gottheit und ihrer Priesterinnen fraulichen Belangen weit eher entspricht. Etwas Ketzerisches oder Verwerfliches können wir darin auf jeden Fall nicht sehen. Im Gegenteil. Wir befinden uns damit in gesicherter historischer Tradition und im Recht. Was die christlichen Konfessionen anbetrifft, so entsteht diesen durch unseren Versuch ja keine Konkurrenz. Weder nehmen wir den einen ihre Gottesmutter, noch den anderen ihr weibliches Priesteramt, wenn wir unsererseits versuchen, beides wieder zu vereinen.

*Vielleicht sollten wir noch einmal ganz klar sagen, wieso wir nicht angesichts aller geschilderten Miseren und schlechten Erfahrungen jegliches öffentliche religiöse Tun vermeiden, sondern es uns *trotz allem* um Göttlichkeit, weibliches Göttlichsein und Priesterinnentum geht: Weil es um den Aufschwung des Menschen zur Entfaltung *aller* seiner Möglichkeiten geht. Dieser Aufschwung ist aber nur dann möglich, wenn der gegenwärtige Ist-Zustand nicht als Endzustand betrachtet wird. Aufschwung und Entfaltung brauchen Perspektive und Glauben in vorhandene und erreichbare *größere* Möglichkeiten unseres Menschseins.

Ich atme frei und lasse mich durchströmen von Liebe

Traditionell werden die höchsten Entfaltungsmöglichkeiten menschlichen Seins - also die optimalen Zustände von Glück, seelischem Heil, gutem Wirken etc. an Idealen gemessen und orientiert, die, zusammengefaßt, immer nur einem göttlichen Wesen zugedacht werden. Das heißt, das sogenannte Göttliche wird als *Inbegriff höchster Werte und Seinsmöglichkeiten* gedacht und beschrieben. (Gott = das absolut Gute, Wahre, Heile etc.). Als dieses Absolute wird es verehrt und angebetet. Bisweilen werden einzelne solcher Ideale in den Vordergrund gestellt und erhalten dadurch den Charakter einer Sondergottheit (z.B. die Göttin der Liebe).

In diesem Sinne bedeutet Religiosität nichts anderes als die Orientierung des eigenen Lebens an diesen höchsten Gütern. Und auch die Vorstellung, daß das Göttliche alles durchdringt und durchwaltet, verhilft uns Menschen dazu, die Grenzen von kleinlicher Engheit, Intoleranz oder das Verhaftetsein an die Welt gewohnter Erscheinungsformen zu transzendieren.

Mit fortschreitender Abschaffung weiblicher Gottheiten aus der religiösen Welt wurden, so gesehen, nicht im eigentlichen Sinne irgendwelche Göttinnen-*Gestalten* abgeschafft, sondern es wurden jene spezifisch weiblichen Wesenszüge, Lebensweisen und Seelenqualitäten entwertet, deren Inbegriff sie waren. Indem nurmehr männliche Wesenszüge für "göttlich" gehalten wurden - Gott als "höchste Intelligenz" z.B. -, weibliche dagegen nicht (z.B. Gefühl), verfielen zwangsläufig die Frauen, in denen sich solche Züge ja in erster Linie verkörpern, einem immer stärkeren Unwert, was ihre menschlichen Qualitäten und insbesondere, was die *Entfaltung* dieser für nichts wert gehaltenen Dinge betrifft. Und seither streben auch sie eben nach persönlicher Vervollkommnung jener männlichen Werte und mißachten auch sie, wie es die Religionen tun, das Weibliche.

Wenn wir nun aber alle uns doch in Wahrheit so dringend notwendigen weiblichen Fähigkeiten wie Fruchtbarkeit, das Ruhen im Selbstverständlichen, Schönheit, Freude, Liebe, Achtung des Lebens, Harmonie und vor allem die Wertschätzung des Körperlichen wieder in ihren Rang als höchste menschliche Werte zurückführen wollen, um damit die gefährliche Vereinseitigung unseres menschlichen Strebens in Richtung der männlichen Werte und Fähigkeiten auszugleichen, ist es notwendig, sie wieder als göttlich zu idealisieren. Die Summe dieser Ideale ist die Große Göttin. Und wie wir Isen es zu unserer Aufgabe gemacht haben, speziell vom Wert dieser Ideale zu künden und unser Leben speziell an ihnen zu orientieren, so wäre es wohl auch für alle anderen Frauen gut, sie wieder ins Zentrum ihres Lebens zu stellen und so eine neue: *unsere eigene, weibliche Wachstums- und Selbstverwirklichungsenergie* zurück zu gewinnen.*

Ich fühle und habe ein offenes Herz

Über gegenwärtige Inquisition

Vor den Feuern der Hexenverbrennungen haben wir jetzt keine Angst mehr. Artikel 4 unseres Grundgesetzes garantiert uns die Freiheit des Glaubens und ungestörte Religionsausübung. Gleichwohl schmerzen die Wunden der damaligen Verbrechen auch heute noch, sitzen die Ängste tief eingebrannt immer noch in unseren Herzen, versuchen sich Mutlosigkeit und Zweifel, ob wir denn überhaupt wagen dürfen, was wir wollen, beständig in uns breit zu machen. Die Folterungen, Martern und bohrenden Fragen der Inquisitoren haben viele so sehr verinnerlicht, daß sie sich täglich selbst damit quälen. Insofern scheint erreicht worden zu sein, was beabsichtigt war.

Es gilt daher, allein schon im Sinne einer allgemeinen Psychohygiene, zur Stabilisierung oder gar Wiedergewinnung persönlichen Selbstbewußtseins und damit Frauen überhaupt guten Gewissens ihre *Rechte* auch praktisch wahrzunehmen wagen, auch mit dieser verinnerlichten, heimlichen und auch heute noch gegenwärtigen Inquisition Schluß zu machen.

Die Würde des Menschen ist unantastbar, sagt unsere deutsche Verfassung an allererster Stelle. Und es gehört fraglos zur Würde des Menschen, daß er andere und sich selbst nicht um die *Hoheit* betrügt, die ihm im Reigen der Naturgeschöpfe zugefallen ist. Daß er also weder andere noch sich selbst erniedrigt! Und das wiederum bedeutet, daß er sich von allem befreit, was ihn klein und unmündig hält, und daß er auch mithilft, andere davon zu befreien.

In diesem Sinne gehört es zu unserer Würde, nicht durch irgendwelche Manipulationen oder gesellschaftliche Zwänge oder allgemeine Verhaltensweisen *unreif* gehalten oder *für* unreif gehalten zu werden. Es stellt sich aber die Frage, ob nicht vielfältige eingefahrene Strukturen oder auch bestimmte Bestrebungen unserer heutigen Zeit genau dies tun. Den Menschen also in der Tat weit unter seine Hoheit, seine Mündigkeit, seine Selbstverantwortlichkeit hinabwürdigen.

Die allseits geförderte Erziehung zum hemmungslosen Konsumenten immer neuer und oft höchst schwachsinniger Produkte ist hier in erster Linie zu nennen. Aber auch die Hinprägung des Menschen zum ausschließlich leistungs- und besitzorientierten Arbeitsroboter scheint nichts als eine neuzeitliche Form von Sklavenhalterei zu sein. Die permanente Verminderung einer geistigen, kulturellen oder Herzensbildung innerhalb unseres Schul- und Erziehungssystems und die Orientierung der Gesellschaft an Preis-, Leistungs-, Nutz- und Wirtschaftlichkeitserwägungen sowie die Einzwängung des Menschen in immer stärkere technische, juristische, bürokratische oder Versicherungsstrukturen u.v.a.m. scheinen ebenfalls ein systematischer Versuch zu sein, dem Menschen seine wahre Würde zu nehmen und ihm vorzugaukeln, Menschenwürde sei eine Frage des Besitzstandes.

Zentrale Aspekte menschlicher Reife und Würde sind Willensfreiheit, Wahl- und Entscheidungsfreiheit sowie freie Selbstbestimmung im Rahmen unserer Gesetze. Dies setzt natürlich voraus den *Verzicht* auf eine systemorientierte und zur Anpassung führende Erziehung, welche der freien Selbstbestimmung und dem Recht auf freie Selbstentfaltung schon von vorneherein jede Chance nimmt dadurch, daß sie einzig die Werte des Marktes und der sog. Leistungsgesellschaft vermittelt. Alternativen dazu vor allem im Hinweis auf andere Möglichkeiten einer Lebensführung und Sinngebung oder im Hinweis auf andere Ziele als jene, die die Gesellschaft vorgibt, werden kaum angeboten.

Zweite Voraussetzung zur Wiedergewinnung der menschlichen und persönlichen Würde wäre, daß all jene Formen der *heimlichen Inquisition* aufgegeben werden, mit denen vor allem solche Menschen bei der Stange gehalten werden, die das Sinnleere und Entwürdigende unseres Regeldaseins an irgend einer Stelle ihres Lebens empfinden -, nicht zuletzt spätestens dann, wenn sie ernsthaft daran erkranken -, und die dann versuchen, sich neue Zielsetzungen und Lebensweisen zu erarbeiten. Diese Formen der Inquisition bestehen im wesentlichen aus einem latenten *Druck*, der sowohl von den Einflüsterungen der in die Köpfe gesetzten Erziehungsprägungen ausgeht, als auch von einem dann in der Regel von außen einsetzenden Zwang in Form immerwährender Verhöre von allen Seiten, von Fragen, Rechtfertigungszwängen, ja Beschimpfungen und Diskriminierungen.

Willensfreiheit heißt: frei sein, nach eigenem *Willen*, nach eigenem *Wollen*, nach eigener *Wahl* zu leben. In *eigener* Weise zu denken und zu empfinden, die *eigenen* Schlüsse und Einsichten aus Erfahrungen zu ziehen. Und es gehört zu unserem Recht auf Würde und zu unserem Recht auf die freie Entfaltung unserer Persönlichkeit, daß unser Wollen, sowie das, *was* wir

---

Ich drücke mich aus und zeige mich, erhebe meine Stimme,
sage meine Meinung und teile mich mit

55

wählen, mit unserem eigenen Wesen und den aus ihm resultierenden Notwendigkeiten und Möglichkeiten übereinstimmt. Willensfreiheit heißt also insofern nicht Beliebigkeit oder gar Fremdprägung, sondern die Freiheit, das auch denken, empfinden und wollen zu können, wozu wir durch unser eigenes Sein verpflichtet sind.

Solange unsere öffentliche Meinung bestreitet, daß seelisches Heilsein Grundvoraussetzung ist für Gesundheit und Glück und solange diese Meinung nicht zugibt, daß seelisches Heilsein mindestens *zwei* notwendige Pole besitzt, nämlich die Verankerung des Lebens in der eigenen Wesensstruktur und die Verankerung in, oder Anbindung an ein wie auch immer geartetes Göttliches, solange wird zumindest weibliche Willensfreiheit und weibliches Selbstentfaltungsrecht nicht möglich sein.

Wie auch immer es sich mit diesen Dingen im Manne verhält, dem der Leib nicht, wie der Frau, zum Entstehenlassen und Ernähren von Leben geschaffen ist, und dessen Fürsorge für das Leben sich vielleicht nicht in erster Linie über emotionale Wärme und gefühlsmäßiges Mitempfinden ausdrückt, so dürfte es doch immerhin auch dem Manne verstehbar sein, daß sich die Frau erst dann frei und wirklich selbstbestimmt und würdevoll entfalten kann, wenn diese Grundzüge weiblichen Seins verstanden, geehrt und geachtet werden. Und wenn sie - und alles was aus ihnen erwächst -, ihren gebührenden und geachteten Platz in unserer Lebenswirklichkeit erhalten.

Dabei ist es nicht zuletzt die existentielle Konfrontation der Frau mit dem Tod, welcher sie durch ihre Fähigkeit des Gebärens ausgesetzt ist, ihr Ausgeliefertsein an teilweise sehr schmerzhafte körperliche Prozesse wie die monatliche Wunde oder die Wandlung ihres Körpers und ihrer Persönlichkeit in Pubertät und Wechseljahren, wodurch die Frau wesensmäßig erfährt, daß Logik und Rationalität, Machbarkeit und Kalkül beiweitem nicht ausreichen, ihre Lebenswirklichkeit zu umfassen.

Der wahrlich intime, ja personale Verbund weiblichen Lebens mit dem biologisch-naturhaften Geschehen vermittelt Frauen zwar einerseits ein wesentlich heileres und ganzheitlicheres Leib- und Daseinsgefühl. Er liefert sie jedoch andererseits sehr viel stärker den Kräften des Unwägbaren aus, irrationalen Mächten, Sorgen und Ängsten. Und es ist nicht zuletzt dieses, was in den seelischen Tiefen der Frau ein geradezu naturhaftes religiöses Empfinden erzeugt. Eine Gewißheit um das letztendlich *Gute* der gewaltigen Natur- und Lebenskräfte, die in ihr und durch sie wirken. Ein unendliches Vertrauen also in etwas, das den Menschen überragt, in ihm wirkt, das ihn bindet aber gleichwohl birgt. Und ein geradezu natürlicher "Zwang" zu Hoffnung und Gebet. Daß es immer wieder gutgehen möge mit und in ihr selbst. Aber vor allem auch mit jenen Menschen, die sie zur Welt brachte.

Eine Welt und eine Gesellschaft, welche diese Wesenseigenheiten des Weiblichen und vor allem die *wesenhafte Religiosität* der Frau nicht versteht, und das heißt eben auch: Ihr wesenhaftes Ungenügen an männlicher Kausalität und Rationalität -, die sie verlacht oder Frauen gar in solche männlichen Denkstrukturen oder an ihnen ausgerichtete und durch sie begründete

Ich bin in Balance und verfüge über Integrität

Lebensweisen hineinzwingt, vollzieht in Wirklichkeit an *allen* Frauen heute das, was die historische Inquisition nur mit einigen tat.

Zwar war es mit Sicherheit ein größeres Verbrechen, Frauen zu töten. Gleichwohl ist es keine geringere Untat, sie äußerlich am Leben zu lassen, aber sie doch innerlich an ihrem Wesen, an ihren ureigensten Seinsweisen und Bedürfnissen abzutöten. Sie männlichem Maß anzupassen, sie männlichen Werten zu unterwerfen, ihnen männliche Vernünftigkeit und männliche Haltungen als die einzig wahren Seinsformen einzureden. Ja, sie (s."Gleichstellung") zu Männern unter Männern zu machen vor allem dadurch, daß den Frauen die Abtreibung ihrer eigenen Wesenszüge, ihrer Emotionalität, ihrer Körperbezogenheit, ihrer ahnungstiefen Intuition etc. mit Hilfe des Verstandes und des Willens als selbstverständlich beigebracht wird. Daß also auch die Frau selbst nunmehr *in sich* das Männliche (Wille, Verstand, Sachorientiertheit etc.) dazu benutzt, das Weibliche zu knechten, zu entrechten, zu verachten. Ja es in der Regel so sehr abgetötet hat, daß sie selbst weder weiß, was eigentlich weiblich ist, noch von dieser Selbstabtötung etwas bemerkt.

Es ist dies nichts als die Fortsetzung der Inquisition auf subtile Weise, nichts als eine noch radikalere und wegen ihrer schweren Erkennbarkeit bzw. ihrer gesellschaftlichen Üblichkeit noch gefährlichere Abtreibung des Weiblichen. Und es ist eben eine totale Mißachtung, ja Nichtgewährung von Willensfreiheit und Selbstbestimmung der Frau, wenn unsere Gesellschaft die seit Jahrtausenden von Männern gewonnenen, von Männern ersonnenen und von Männern erkämpften Normen, Menschenbilder und Arten der Lebensführung als die allgemeingültigen und einzig menschlichen vorschreibt. Wenn unsere Schul- und Ausbildungsstrukturen einzig und alleine *daraufhin* erziehen, und wenn unsere gesamte öffentliche Meinung stillschweigend versucht, diese Normen und Strukturen unbedingt in Geltung zu halten.

Hauptsächlich sind es folgende Bereiche, in denen sich die patriarchale Dominanz und damit die inquisitorische Ausrottung des Weiblichen ausdrückt :

1. unser Schul- und Bildungssystem. Dieses verhöhnt alleine dadurch das verfassungsmäßige Grundrecht auf freie Entfaltung der Persönlichkeit, daß es männliche Denkstrukturen wie kausales Denken, technisch-mathematische Orientierung und ein leistungs-, gewinn- und marktwirtschaftlich ausgerichtetes Bildungsziel verfolgt. Menschen, deren Persönlichkeit auf

andere, nämlich weibliche Arten oder innerhalb anderer Seinsweisen sich entfalten würde, werden hierdurch von vorneherein verkrüppelt, in ihnen fremde, ja gar zuwiderlaufende Bahnen gezwängt oder zumindest an den Rand des Außenseitertums gedrängt. Spätere gesundheitliche und materielle Probleme dieser Menschen werden hier vorprogrammiert; ihr häufiges Scheitern im Leben wird sogar gerne in Kauf genommen, weil diese "Versager" als warnende Beispiele dienen können für das, was jenen droht, die sich den geltenden Normen und Idealen nicht anpassen.

Da Kreativität und Sensibilität zwar weibliche Seinsstrukturen, jedoch auch in manchen Männern stark ausgeprägt sind, richtet sich diese Eliminierung weiblicher Aspekte von vorneherein gegen die Gesellschaft selbst, der es mittlerweile rundum an kreativen Problemlösungsalternativen fehlt.

Für Frauen ist unser Schul- und Bildungssystem natürlich ganz besonders tödlich, werden durch es Mädchen ja nicht nur an der Entfaltung ihrer weiblichen Eigenartigkeiten gehindert. Vielmehr werden sie dadurch, daß ihnen männliche Seinsweisen, Denk- und Verhaltensweisen, männliche Zielsetzungen und männliche Wertvorstellungen als die richtigen vorgestellt werden, welche sie aber entweder nur schwer oder gar nicht erfüllen können - bzw. von denen sie spüren, daß sie *so* gar nicht in ihnen vorhanden sind -, in eine tiefe Selbstwertkrise, ja in jene oben angesprochene Selbstabtreibung gestürzt. In das Grundempfinden, ihre eigene, andersartige Wesensart sei falsch - und Frausein sei eben letztendlich wohl doch nur ein Menschsein zweiter Klasse. Und in diesem Empfinden und Erleben finden sie dann jene christlich-abendländischen Lehren, die solches behaupten, bestätigt: von der tiefen Verworfenheit der sündhaften Urfrau Eva angefangen bis hin zur alltäglichen Praxis von Mißhandlungen und Vergewaltigungen, von Unterprivilegierung und Verachtung.

Sie erleben, daß Gott ein Mann ist, die Lehrer, Forscher, Priester, Politiker, die Lenker und Leiter in Wirtschaft und Behörden, die wirklich großen Künstler und Denker: alles Männer! Und sie erleben, wie mit ihnen umgegangen wird, von Ärzten und Gynäkologen, von Juristen und Beamten. Und sie verzweifeln daran, daß sie gezwungen sind (ohne dies freilich selbst zu merken), sich all diesem anzupassen, es richtig zu finden, nach ebendiesem zu streben. Daß sie gezwungen sind, sich mit deren, d.h. *männlichen Augen*

Ich habe Vertrauen, daß ich gut behandelt und geliebt werde

zu betrachten und dadurch gar nicht anders können als festzustellen: wir sind wirklich eben *nur* Frauen. Mehr oder weniger eben: *Nichts*.

Hier steht dann, gewissermaßen als Erfüllungsgehilfe und Nutznießer dieser Situation, unsere Konsumwirtschaft zur Verfügung, die den Frauen suggeriert, durch den fleißigen Einkauf von Mode, Schmuck, Kosmetik und anderem Firlefanz könnten sie ihren Wert steigern. Und die großtönenden Schmeichelreden, das gleißende Blendwerk der Werbung, das Mitspielen der Medien und jene von vorneherein darauf abgestellte Erziehung lassen die Frauen auch tatsächlich glauben, das empfundene Defizit an Selbstwertgefühl könne durch jene Dinge behoben werden. Daß sie durch diese permanente Reduzierung auf Äußerlichkeiten und Abspeisung mit Kinderspiel in Wirklichkeit immer weiter unreif gehalten und vom eigentlichen Kern der Problematik, von der eigentlichen Wurzel ihres Leidens abgelenkt werden, entgeht ihnen dabei in der Regel gänzlich.

Unterdrückung, Verderbung, ja Ausrottung des Weiblichen, des Natürlich-Lebendigen und des Menschlichen herrscht heute eigentlich überall. Es würde den Rahmen dieses Buches bei weitem sprengen, wollten wir hier auch nur einen annähernden Überblick darüber geben, wie sich dieses in den vielfältigen Bereichen unseres Lebens im einzelnen darstellt. Um jedoch noch einen weiteren Hauptbereich zu nennen, durch welchen Selbstbestimmung und Entfaltung des Weiblichen heute besonders unterdrückt und abgetötet werden, sei auf die immer stärker werdende Technisierung und Automatisierung sowie die zunehmende Leistungsorientierung unserer Wirtschafts- und Arbeitswelt hingewiesen.

Hatten sich schon in den mittelalterlichen Folterkammern immer raffiniertere Geräte, immer feinsinniger erfundene Maschinerien zur Quälung des Lebendigen eingefunden, so täuscht uns nur der Fortfall der Kerkermauern und die allgemeine Verbreitung dieser Geräte hinaus in die Öffentlichkeit darüber hinweg, daß es sich bei der Mehrzahl der heute verwendeten Techniken und Apparaturen, bei den Fahrzeugen und Maschinen eigentlich um nichts anderes handelt. Es wird ja jegliches Gerät in dem Augenblick zum Folterwerkzeug, in dem nicht mehr der Mensch *es* beherrscht, sondern in dem der Mensch *von ihm* beherrscht wird. Die Freiheit und Würde des Menschen existiert nur im Zusammenhang mit Unabhängigkeit, also mit der Möglichkeit, etwas auch wieder zu lassen, sobald sich das als notwendig herausstellt. Indem wir unsere eigene Fähigkeit zur Arbeit weitgehend an

Maschinen delegiert haben und indem wir unsere Ansprüche - d.h. das, von dem scheinbar unser Glück und unser Wohlergehen abhängt -, so sehr vergrößert haben, daß sie ohne den Einsatz von Maschinen aller Art nicht mehr zu befriedigen sind, sind wir in Wirklichkeit zu deren Sklaven geworden. Ob es sich um Autos handelt, Flugzeuge, Preßlufthämmer, Computer oder welche Maschinen auch immer: Wir haben *uns* so sehr auf *sie* zugeschnitten, daß wir wahrhaft verstümmelt sind. Dieser übriggebliebene Restmensch vermag sich weder vorzustellen, wie er als ein Ganzer und Heiler überhaupt ist, noch vermag er sich vorzustellen, wie er ohne jene Geräte überhaupt leben, geschweige denn, wie er sie wieder loswerden könnte. Und so erträgt er denn als hilfloses Folteropfer die täglichen Verstümmelungen und Qualen, die sie ihm bereiten: Lärm, Gestank, Vergiftung, Unfälle, ausufernde Umweltzerstörung.

Und auch hierin, sprich in dieser Welt der Maschinen und Geräte, sind wiederum die Frauen die hilflosesten Opfer. Solange es sich so darstellt und zur verbreiteten Ansicht gehört, Menschsein heiße heute, ganz selbstverständlich mit diesen Maschinen und Geräten umgehen zu können -, und solange es sich so darstellt, als sei die Fähigkeit, all die von ihnen ausgehenden Qualen klag- und fraglos zu ertragen, eine menschliche Tugend, werden alle mit weniger technischem Geschick, und alle, die unter der Vielzahl der von der Maschinenwelt verursachten Qualen leiden, sich selbst als unfähig, schwach und unzeitgemäß kritisieren. Sie werden ohne Rücksicht auf ihre eigenen Bedürfnisse und Kräfte, ohne Rücksicht auf ihre Gesundheit und sogar ohne Rücksicht auf mögliche Verstümmelungen ihrer Persönlichkeit und ihrer Seele sich selbst disziplinieren -, sich zwingen, auszuhalten und zu ertragen, sich zwingen lassen, mitzumachen.

Wegen der Notwendigkeit, Brot zu verdienen, und *weil* Brotverdienen heute immer mehr bedeutet, Maschinen zu bedienen und sich einem an Maschinen orientierten Leben anzupassen, werden vor allem Frauen gezwungen, sich auf etwas einzulassen, was dem Lebendigen und damit ihnen selbst definitorisch entgegengesetzt ist! D.h., sie sind gezwungen, um nicht Not zu leiden am Lebensnotwendigsten, ein Leben zu führen, das diesen Namen gar nicht verdient. Und Arbeiten zu tun, durch welche ihre Seelen, ihr Gemüt,

---

Ich lasse los, wenn es an der Zeit ist und lebe in der Fülle

ihre Empfindsamkeiten und nicht zuletzt in vielfältigster Weise auch ihre Körper verstümmelt werden.

Innerhalb der Natur strebt jeder Organismus weg von Schmerz und hin zu Lust und Wohlbefinden. Gerade Frauen kennen die Kräfte von Lust und Schmerz. Und sie wissen, daß Gebären, so schmerzvoll es auch immer ist, doch nur aus Lust und Freude am Leben, aus eigenem Wollen und Bejahen erwachsen kann. Je mehr Freiwilligkeit, Lust und Lebensfreude aus unserem Alltag entschwinden und Sachzwängen, Automatismen und zwanghafter Selbstvergewaltigung weichen müssen, um so mehr werden Frauen - und sei es unbewußt - sich weigern, Leben weiterzugeben. Nicht nur, weil das Leben ihrer Kinder ein menschenwürdiges und lebenswertes sein soll, sondern, weil ja auch Mädchen geboren werden. Solange jedoch die Aussichten auf ein lebenswertes Leben immer geringer werden, und solange vor allem Mädchen weiterhin in eine solche Welt voller Mißachtung und Unterdrückung des Weiblichen hineingeboren würden, ist es kein Wunder, wenn Frauen immer weniger dazu bereit sind, sich zu reproduzieren, bzw. überhaupt Kinder zu *dieser* Welt zu bringen. So rottet sich Weibliches, wenigstens im Abendland, teilweise langsam selbst aus.

Ein Drittes, worin sich Inquisition und Abtötung weiblicher Selbstbestimmung finden, spielt sich, wie schon gesagt, in unseren Köpfen ab. In Form von Selbstzweifeln und Ängsten, von Selbstbeschuldigungen und Selbstabwertungen. Jahrtausende männlicher Gesetzgebungen, männlicher Definitionen von Gut und Böse, männlicher Denkstrukturen haben gewirkt. Die Hexenfeuer haben es uns *allen* nicht nur ins Fleisch, sondern auch in die Gehirne eingebrannt. Und die schulische Erziehung, die wir "genießen", das Familienleben, das wir erleiden, die Gesellschaft, so, wie sie ist, stabilisieren es immerfort auf's Neue: Was ich selbst empfinde, kann doch nicht wahr sein; was ich selbst denke, kann doch nicht stimmen, wenn es abweicht von all dem. Wer bin ich denn - sowohl als Einzelner und geschweige denn als Frau -, daß ich es wagen könnte, an mich selbst zu glauben.

Da raunt und wimmelt es doch von tausend Stimmen in mir, die mir zur Vorsicht raten. Zum Mißtrauen gegenüber mir selbst, gegenüber meinen Gefühlen, meiner Empörung. Die mich warnen, mich überreden wollen, die mich überheblich nennen oder dumm. Die mich mit "Du" anreden, und mir sagen: "Wer bist Du denn - was hast *Du* denn zu wollen?" - "Du kannst doch nicht...!" Oder, noch deutlicher patriarchal: "Man(n) kann doch nicht...

darf nicht..., tut nicht..., sollte nicht...!" Und: "Wenn das jede(r) täte, wo kämen wir dann hin...," und "bilde Dir bloß nicht ein...".
Eine ganze Bande innerer Aufseher und Helfershelfer der Inquisition. Geheimdienst der öffentlichen Meinung in uns selbst. Stasi! Die uns bespitzeln, belauern, bewachen; uns foltern mit tausend selbstquälerischen Grübeleien. Die uns bestrafen mit Ängsten und schlechtem Gewissen, uns Schuldgefühle einreden, uns zur Vernunft bringen wollen. Zu unserem Besten, wie sie behaupten, welches aber in Wirklichkeit nur das Beste ist für das bestehende System. *Unser* Bestes dagegen, nämlich unser Ureigenstes, uns raubt.

Was ist das denn für ein Selbstbestimmungsrecht, das vor diesen inneren Stimmen fremder Autoritäten kuscht? Was ist das denn für ein freier Wille und für eine freie Wahl, wenn ich schon Mühe habe, vor mir selbst zu rechtfertigen, was ich will oder tue? Nichts als Inquisition (quaerere, lat.: befragen, in-quaerere: eindringlich befragen, in Frage stellen, mit Fragen in jemand hineinbohren). - Ist es nicht eine höchst seltsame Form von Mündigkeit, wenn es in uns diese Art Vor-Münder gibt, die uns vorkauen, wie und was wir denken sollen, wie wir zu sein hätten, was wir tun oder lassen dürfen? Ist es nicht eine seltsame Art von Gewissensfreiheit, wenn mir ein inneres Tribunal aus Eltern und Geschwistern, Anverwandten und ehemaligen Lehrern, aus eingepaukten Redefetzen von Pastören, Bibelzitaten, Poesiealbumssprüchen, Zeitungsmeldungen und landläufigen Befürchtungen Rechtfertigungen abzwingt selbst dort noch, wo es nur und ganz alleine um mich geht? Ob ich es mir denn wohl gestatten dürfe, ins Bett zu gehen, wenn ich müde bin; ob es denn nicht unsittlich sei, mir Genuß zu verschaffen; ob ich denn wohl meine Zeit, mein Geld, meine Energie auch nur zu allerkleinsten Teilen für mich selbst verwenden darf? Ob ich es denn wagen darf, die Gesellschaft in Frage zu stellen? Am christlichen Gottesbild zu zweifeln? Ob es denn nicht Größenwahn sei meines kleinen Gehirns und schreckliche Sünde, eine Göttin haben zu wollen und gar noch in ihrem Namen zu sprechen, zu wirken? Eigentlich nicht ausdenkbar. - Verboten! - Warnleuchten! Bedrohungen! Riesenängste!

Ich bin für mich selbst verantwortlich und treffe *meine* Entscheidungen

Und schließlich Inquisition, ausgeübt von Ehepartnern und Freunden, am Arbeitsplatz und in der Nachbarschaft. Befragungen, denen wir ausgesetzt sind. Rechtfertigungszwänge für unser Tun und Lassen. Rat- und Vorschläge. Getuschel, Gezischel, Verurteilungen, Druck.

Willensfreiheit, sollte man meinen, bestünde nicht zuletzt darin, daß wir unsere reifen und mündigen Entscheidungen treffen dürfen, ohne, daß irgendjemand eine Begründung oder Rechtfertigung mir abzuverlangen hätte. Willensfreiheit, Meinungsfreiheit und das Recht auf freie Selbstbestimmung sind nämlich unbedingt gekoppelt mit der Freiheit von jeglicher Zensur. Dabei ist Zensur nicht nur Benotung, also eine Bewertung unseres Tuns von außen nach Kategorien von Gut und Schlecht. Zensur ist vielmehr im weitgreifenden Sinne *jegliche* Einschränkung der Meinungsfreiheit.

Auch historisch ist die Abschaffung der Zensur und die Einführung der allgemeinen Pressefreiheit eine Errungenschaft neuzeitlicher Menschenwürde. *Preß-freiheit* (so geschrieben und gesprochen noch gegen Ende des vorigen Jahrhunderts) hat ja eben jenen doppelten Sinn, sich frei äußern zu dürfen *und* keiner Pression mehr zu unterliegen, keinem Druck. Heißt also Druckfreiheit in jeder Hinsicht. Sowohl einerseits mich mit allem, was ich *meine*, weil es *meiner* Wahrheit und mir selbst entspricht, ungekränkt veröffentlichen zu dürfen. Und andererseits auch keinerlei Druck von außen mehr zu erhalten.

Ebenso heißt *mündig*, selbst be*stimmen* zu können, was aus meinem Munde kommt. Aber gleichfalls, was in mich hineingeht. Mir nichts mehr hineinwürgen lassen von anderen, keinen Vor*mund*schaften mehr zu gehorchen. Weder jenen *inneren* Einflüsterern noch äußeren Inquisitoren - so wohlmeinend sie sich auch immer geben mögen -, Gehör verleihen zu müssen. *Mündig sein bedeutet, in geachteter Freiheit leben zu können gemäß den Stimmen meines Herzens und meiner Vernunft.* Gemäß meinen Einsichten und Bedürfnissen. Und dabei nichts an meiner menschlichen Würde einzubüßen. - Davon jedoch sind wir gegenwärtig leider noch weit entfernt. Denn Inquisition herrscht auch heute noch überall im Land.

Nicht mehr mit uns!

*Lassen wir uns auch nicht mehr geistig befingern: seien wir unbegreiflich! Lassen wir uns nicht mehr mit vorwurfsvollen Blicken quälen: seien wir uneinsichtig! Lassen wir uns nicht mehr zur Vernunft bringen gegen unser Gefühl. Treten wir heimlicher Inquisition entgegen, wo immer sie sich zeigt. Lassen wir uns nicht mehr totquasseln und befriedigen wir nicht mehr der Nachbarin täglichen Bedarf an Neugier. Hören wir uns nicht mehr schweigend, demütig und gedemütigt das erniedrigende Gelaber sogenannter Freunde, Bekannter, Kollegen an. Fauchen wir doch dazwischen, weisen wir sie doch zurecht und zurück! Dulden wir nicht mehr körperliche, geistige oder verbale Anmache und Kleinmache, komme sie, von wem sie wolle. Lassen wir uns nicht mehr einschüchtern von *Schlag*worten wie: unlogisch, unsachlich. Seien wir uns bewußt: *auch weibliche Arten zu denken sind gültig!*

Lassen wir uns nicht mehr in Rationen und Rationalitäten einteilen, in Schablonen zwängen. Wehren wir uns dagegen, uns zu beschränken, uns zu begrenzen, nur scheibchenweise zu leben. Oder gar, uns von fremden Anforderungen in Stücke reißen zu lassen. - Wandeln wir uns!

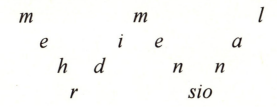

Wie das Dasein selbst. Wie die Göttin. Wie Leben und Natur.

Ich bin ich und liebe mich

Wandeln wir die Verhältnisse um, indem wir uns und sie umkehren. Indem wir zurückkehren zu uns selbst und zu dem, was menschliche Entwicklung bereits erreicht hat. Ermutigen wir uns zu allem, was uns die Verfassung und die Gesetze unserer Demokratie gewähren - auch wenn dies noch nicht genug ist! Einzig hier seien unsere Grenzen. Innerhalb dieses Rahmens jedoch sind wir frei. Ermutigen wir uns, erkühnen wir uns, ertrotzen wir uns unsere Rechte. Trotz der Angst, welche wir immer noch spüren durch diese Nachwehen der Frauenverfolgung. Trotz der Furcht, die uns würgt und uns die Stimme zum Versagen bringt: *seien wir nicht kleinlaut.*

Freuen wir uns doch, wenn unsere Herzen wieder schlagen. Wenn wir uns wieder für unsere Weiblichkeit lieben, wenn wir anfangen, uns wieder für die Möglichkeiten, für die Kräfte, für die Rechte des Weiblichen zu erwärmen, bedürfen wir keiner weiteren Argumente!

Gefühl und Intuition, die Verbindung mit den unendlichen Kräften des Universums und das Wissen, welches immer schon und *vor* aller Vernunft in uns ist, ermächtigen uns, uns ernst zu nehmen. Und ermächtigen uns, an unsere Bedeutung und unsere Aufgabe zu glauben.

Die Überzeugung, daß das weibliche Sein die lebensspendende, freiheitliche, lustvolle und damit heilbringende Seite der Schöpfung verkörpert, läßt uns wünschen, daß diese Art zu sein wieder oder vielleicht erstmals in vollem Umfang ihren Platz im Leben erhält. Und wenn auch die Feuer der Hexenverbrennungen noch nachschwelen und die darin Umgekommenen noch lange ihre leidvollen Schatten werfen, so sollten wir es doch wagen, den Feuern weiblichen Lebens wieder Raum zu verschaffen. Sollte uns dieser Raum nicht freiwillig gegeben werden, werden wir freudig unsere Hexenbesen schwingen und aus unserer Gesellschaft und aus unserem Leben hinausfegen, was dieses hindert. Wir leben nicht mehr im Mittelalter, sondern stehen am Übergang ins 3. Jahrtausend neuerer Zeit. Es ist allzu eng geworden in der Welt, nicht zuletzt durch die angehäuften Berge von Müll und Unrat unserer Industriegesellschaft. Und es ist allzu eng geworden in den Köpfen und Herzen der Menschen durch den Müll und Unrat jahrtausendelanger patri*arsch*aler Neurotik. Entsorgen wir uns doch wenigstens beizeiten, zumindest von letzterem. Halten wir Einkehr bei uns selbst, kriechen wir in die hintersten Winkel unserer Köpfe, kehren wir hervor und hinaus, was sich dort an Abfall aufgespeichert hat. Und werfen wir es ruhig in die Flammen neuentbrannter Weiblichkeit.

Abschied nehmen, auch von alten Vorstellungen und Verhaltensweisen, tut immer weh. Doch es ist weibliches Vorrecht, mit Wehen und Geburtsschmerzen umgehen zu können und sich von ihnen nicht davon abschrecken zu lassen, neues Leben zur Welt zu bringen. Frauen sind stark. Und welche Prozesse auch immer für die Wiedergeburt einer freien Weiblichkeit notwendig sein werden, werden sie auch diese durchstehen. Und mit *ihrer* Hilfe auch jene Männer, die weise genug sind, eine Wiederbelebung der weiblichen Anteile in der Welt und in sich selbst als lebensnotwendig zu erkennen, und die mutig genug sind, das Weibliche als etwas Göttliches zu ehren. Und dieser Gottheit zu dienen.

Ich bin mein Schicksal, ich bekomme was ich brauche und will

Zu den Bildern

Die persönlichen Photos in diesem Buch stammen von den Frauenweihen, die seit 1989 stattgefunden haben.

Diese Weihe ist für uns Abschluß und Neubeginn zugleich. Sie dokumentiert einmal unseren Entschluß, mit all jenen negativen Dingen, in die uns unsere patriarchale Prägung hineingestellt hat, zumindest für uns selbst Schluß zu machen, und im Bewußtsein unserer Verantwortung als Frauen eine neue, weibliche und den weiblichen Werten verpflichtete Lebensweise zu beginnen.

Sie steht aber auch am Ende einer langjährigen Arbeit. Einer Arbeit an uns selbst sowie an einer Vielzahl von Themen, in denen wir uns auskennen wollen. Wir alle haben eine Fülle von therapeutischen- und Selbsterfahrungsprozessen hinter uns; bioenergetische und meditative Arbeit an bis zu drei Abenden wöchentlich. Außerdem: Bewußtseins- und Wahrnehmungstrainings vor allem im feinstofflichen und energetischen Bereich, Erwerb von Grundwissen in magischen, telepathischen und anderen schamanischen Praktiken; schöpferisch-kreative Arbeit wie Schmieden, Weben, Töpfern, Malen oder Zeichnen nach der Natur; Arbeit mit Träumen und Rückführungen. Schließlich eine Vielzahl von Studien und Seminaren der Sprache und Literatur, Geschichte und der verschiedensten Religionen.

In all diesem sind wir nicht nur unseren eigenen Spuren gefolgt, im Versuch, Verletzungen, Prägungen, Unterentwicklungen zu beseitigen, oder im Streben, unsere Kräfte, Fähigkeiten und Möglichkeiten zu erkunden, zu stärken und zu entfalten. Sondern auch und selbstverständlich immer den Spuren des Weiblichen bzw. seiner Unterdrückungen, seiner Umbiegungen ins Patriarchale. Den Diebstählen, die an unserem Wissen begangen wurden, an unserer Geschichte, unseren Rechten; den Pervertierungen, denen unsere heiligsten Werte anheimgefallen sind: Leben, Freude, Schönheit, Freiheit, Selbstachtung. Oder den Ausrottungen und Ausbeutungen unseres menschlichen Wurzelgrundes, der großen Mutter Natur. Hier haben wir Vieles und in diesem Vielen immer weiter uns selbst entdeckt sowie die Funktion und Bedeutung des Weiblichen in Geschichte und Welt.

Ich öffne mein Herz für alle menschlichen Gefühle,
ganz besonders für die Liebe

Und so ist eben die "Weihe" folgerichtige Konsequenz von all dem geworden. Nicht, weil da jemand *uns* weiht, sondern weil dabei *wir uns weihen:* dem Dienst, der Großen Göttin, dem Leben.

Und damit ist diese Isenweihe auch ein Anfang: der Beginn eines großen Wagnisses. Denn ein solches ist es gewiß, heutigentags sich als Frau in die Dimensionen priesterlichen Wirkens zu stellen. Und natürlich auch der Beginn von wiederum neuem Lernen, von einem Hineinwachsen in eine neue Schwesterlichkeit untereinander, eine neue Art Frausein in der Welt und eine neue Weise verantwortlichen Wirkens.

Von den eigentlichen Weihezeremonien gibt es keine Bilder. Photographieren war in diesen Momenten nicht vorstellbar. Und auch die Abläufe und Inhalte dieser Zeremonien und einiger anderer Dinge wollen wir jenen Frauen vorbehalten, die sich diesem Dienst stellen. Dennoch vermitteln die gezeigten Bilder wahrscheinlich etwas von dem Geist, der uns in diesen Tagen beseelte. Sie zeigen Andacht und Freude, Schmerz und Versenkung, unser Eintauchen in die nächtigen Seiten ebenso wie unsere Freude an Erotik, Genuß und unbeschwertem Spiel. Denn so sind wir eben, in unserer Vielfalt und Eigenart: weiblich ganz und gar.

Und als wir in der letzten Nacht der Weihe des Jahres 1992 gemeinsam unsere segnenden Wirkkräfte zum Wohle aller Frauen und Menschen in die Welt sandten, war es ein höchst bemerkenswerter "Zufall", daß einige Stunden später ein kleines Erdbeben erschien und von der Marienkirche unserer Hauptstadt das Kreuz des männlichen Gottes kippte.

Abb. 17. Marienkirche Bonn, Bildzeitung v. 14.4.1992

Ich liebe die Göttin

Über unsere Lebensweise

Wir lassen es nicht im Sinne eines therapeutischen Heilungs- oder Selbstfindungsprozesses damit bewenden, unsere weibliche Identität und unsere Verbindung mit der Göttin gefunden zu haben. Vielmehr sehen wir diese neue Art zu sein und die Möglichkeiten, die sich daraus ergeben, auch als Verpflichtung an. Das bedeutet, daß unsere gesamte Haltung, unser Tun, unser Lebenswandel dieses Sein beispielgebend ausdrücken soll. Und es bedeutet weiterhin, daß wir es auch übernehmen wollen, jenen, die dieses möchten, etwas von den Kräften und Segnungen mitzuteilen, die aus unserem Kontakt mit uns selbst und der Gottheit erwachsen.

Da wir aus den Wurzeln unseres Wesens täglich und im Sinne einer bedingungslosen Berufung den Umgang mit dem Göttlichen pflegen, seine segnenden und heilenden, aber auch seine zerstörerischen und unbekannten Seiten, Wirkungen und Gestalten studieren, und weil wir die Vertretung des Weiblichen und des Weiblich-Göttlichen in der Welt als absolut notwendiges Gegengewicht zur herrschenden Dominanz des Männlichen für unerläßlich halten, stehen wir voll und ganz im Dienste des Weiblichen und der Großen Göttin. Insofern wir uns also als *Dienerinnen* verstehen, verstehen wir uns als *Priesterinnen*.

Dieser Dienst und dieses Selbstverständnis verlangen von uns, wenigstens annäherungsweise die Gesetze zu formulieren, denen wir uns dadurch verpflichten. Denn erst diese Gesetze und ihre Einhaltung sind es ja, wodurch wir überhaupt das Recht und die Würde erhalten, uns so zu verstehen und uns so der Welt zu stellen. Sie geben uns nämlich einerseits Verpflichtungen auf, die weit über den Rahmen dessen hinausgehen, was ein Mensch aus nur spielerischen Erwägungen und Motiven täte. Sie geben aber gleichzeitig auch einen Rahmen, einen Halt und einen Wurzelgrund, darin wir uns sicher und angstfrei bewegen können.

Und sie bilden schließlich eine Art Richtmaß, an welchem wir selbst - und durch diese Veröffentlichung auch andere - überprüfen können, ob wir noch innerhalb unserer Wahrheit stehen.

Eine *Isenethik* also.

Diese bildet in gewisser Hinsicht auch eine Art Wegweisung für den Umgang mit jenen Kräften und Mächten, mit denen wir es in unserer Arbeit *auch* zu tun haben. Und worüber uns weder unsere gängige Schulweisheit belehrt, noch worüber wir bei unseren Schwestern aus früheren Zeiten hinreichend Hilfe und Anweisungen erhalten können.

Wir wollen nicht vom "Außersinnlichen" sprechen, obwohl auch dieses hier hineinspielt. Und wir verstehen uns auch nicht als Erbinnen von mittelalterlichem Hexentum oder als Vertreterinnen eines neuzeitlichen Schamanismus. Und schon gar nicht sind wir Anhängerinnen irgendeiner esoterischen oder New-Age Richtung.

Ich bin ehrlich, selbstverantwortlich, realistisch und handlungsfähig

Natürlich findet sich vieles von dem, womit wir uns beschäftigen, auch dort. Weil es eben wahr ist, richtig und brauchbar. Damit erschöpfen sich aber auch schon die Parallelen. Und dadurch, daß wir versuchen, unser ganzes Leben in den Dienst dieser Sache zu stellen - also bis hinein in die alltägliche und private Lebensführung Isentum und uns selbst miteinander identifizieren -, werden schon die großen Unterschiede zu allen Arten heute gängiger Freizeitspiritualität deutlich.

Unsere Ethik schließt selbstverständlich das Befolgen der allgemeinen staatsbürgerlichen Gesetze, Rechte und Pflichten sowie der allgemeinen Menschenrechte ein. Darüber hinaus jedoch versucht sie den Orientierungsrahmen für ein Leben zu bilden, welches wir im Sinne von Menschlichkeit, Weiblichkeit und auch in Bezug auf ein Bewußtsein unserer Göttlichkeit für idealer halten. Anders ausgedrückt: Das Leben nach unseren allgemeinen Gesetzen sowie der herrschenden gesellschaftlichen Ethik läßt derart viel Spielraum für unmenschliches Verhalten, für Bedrängungen des Weiblichen, für Vergewaltigungen, Lügen, Heuchelei und Gottlosigkeit, daß uns dieses als Ethik, der *wir* uns verpflichten könnten, *nicht* genügt. Wir halten Menschsein und auch Frausein für derart hohe Werte, daß wir die Richtschnüre, die wir unserem Verhalten selbst geben wollen, nicht mehr *unter* diesen Werten anzusiedeln bereit sind.

Auch für unsere spezifisch priesterliche Arbeit, d.h. unser praktisches Wirken, ist eine *hoch* angesiedelte Ethik und sind strenge Verhaltensrichtlinien Voraussetzung. Vor allem der Umgang mit den Kräften und Mächten innerpsychischer Ebenen aber auch mit den Mächten anderer Wirklichkeiten und den Tiefen des Numinosen verlangt eine starke Persönlichkeit, verlangt Wissen und Vollmacht. Persönlichkeit, Wissen und Vollmacht wiederum bedürfen einer festen Grundlage, aus der heraus sie erwachsen und woraus sie sich speisen. Und sie bedürfen eines festen und sicheren Rahmens, in den sie eingespannt sind.

Der Wurzelgrund, auf dem wir stehen, wird von der Verfassung gebildet, die wir uns geben. Die Eckpfeiler dieser Gesetze wiederum, d.h. der Rahmen, an dem wir uns orientieren, sind: Weiblichkeit, Natürlichkeit, Göttlichkeit und beständige Arbeit an uns selbst. Diese vier Elemente sind uns immer absolute Bezugspunkte. Das bedeutet, daß wir uns stets fragen, ob unser Tun mit *jedem* dieser Aspekte übereinstimmt.*

Zwar ist klar, daß die vier genannten Punkte jeweils einer umfassenden Definition bedürften. Diese zu geben, würde aber den Rahmen des vorliegenden Buches beiweitem sprengen. Das Wesentliche von dem, was wir unter weiblich verstehen, kann wohl aus dem Text entnommen werden. Und zur Erklärung der Begriffe Göttlichkeit und Natürlichkeit mag hier genügen, daß wir unter dem einen das immer noch und ewig Größere verstehen, das unerklärliche Mysterium, das immerwährend Schöpferische, das All-Bergende. Und eine Art unfaßbar fürsorgliche Liebe. - Unter dem anderen alles das, worin sich dieses Erstere hier auf Erden und im Universum konkret manifestiert. Also alles Geschaffene bis hinein ins Kleinste. Und, in Bezug auf Verhaltensweisen und Haltungen, das, was maximal den natürlichen Bedürfnissen, Anlagen, Fähigkeiten und Entwicklungsmöglichkeiten der Geschöpfe entspricht.

Wir empfinden uns durch unser Menschsein eingespannt zwischen jenes Größte und Kleinste, zwischen Sichtbares und Unsichtbares, zwischen höchste Wahrheit und kreatürliche Notdurft. Und da wir all dieses als *zusammengehörig* und als Ausformungen des Gesamtgöttlichen verstehen, sind wir nicht bereit, das eine für das andere zu verraten, das eine wegen des anderen zu mißachten oder gar das eine dem anderen gegenüber als besser oder schlechter zu bewerten.

Wenn uns auch unsere Weiblichkeit einen ganz spezifischen Zugangsweg zum Natürlichen und Göttlichen eröffnet, so ist es doch erst die beständige Arbeit an uns selbst, die uns diesen Zugangsweg überhaupt finden ließ und die diesen Weg auch weiter offen hält. Die uns Sicherheit verleiht und Freiheit von Angst. Denn wir haben festgestellt, daß jedes nicht gelöste Problem, das wir in uns herumtragen, uns Kraft raubt und uns anfällig macht für Zweifel und Ängste. Insofern ist andauerndes Üben unsere höchste Pflicht. Andauerndes Üben insbesondere in *Selbstzucht*. Selbstgefälligkeit und leichtfertiges Herumspielen mit allem, was nach Psyche, Psi oder Spiritualität riecht, ist zwar en vogue, führt aber in der Regel die Menschen nur an ihrer eigenen Nase herum, weil doch gerade in diesen Bereichen nichts untauglicher ist als Egostrukturen, Imagepflege oder Verhaftungen an äußerem Schein.

Ich habe eine positive Mutteridentifikation und reife Liebe zu den Eltern

Verlangt schon das Hinfinden zum eigenen Wesenskern eine beträchtliche, jahrelange Arbeit an sich selbst, den Mut, sich aller neurotischen Verworrenheit, aller egozentrischer Rollenverhalten, aller gesellschaftsangepassten Muster und aller Ausgestoßenheit an die Grenzen von Angst, Wahnsinn und Todesfurcht zu stellen, so verlangt der Zugang zum Göttlichen und der Umgang mit den *großen* Kräften und Mächten noch ein gerüttelt Maß *mehr* an seelischer Stärke, an Disziplin, an unbedingter Hingabe.

Gerade hier wird Selbstzucht mit ihren Hauptaspekten *Demut* und *Gehorsam* zum wesentlichsten Arbeitsfeld. Dabei ist Demut die latent vorhandene Einsicht in die Notwendigkeit permanenten Lernens. Und sie ist die Einsicht oder vielmehr das totale Begreifen der Tatsache, daß es über- und um uns *immer* etwas Größeres gibt, dessen Walten - so viel Verstehen wir darüber auch immer gewinnen mögen, und so viel tätige Teilhabe daran wir auch immer erhalten - uns dennoch *immer* unfaßbar, rätselhaft und absolut autonom bleibt.

Unter Gehorsam verstehen wir im wesentlichen die Fähigkeit des Hinhorchenkönnens. Hin-horchen nicht nur zu Tönen oder Schwingungen oder Ahnungen, und Hinhorchen auch nicht nur auf die Leiden und Bedürfnisse oder überhaupt auf die Befindlichkeiten von Mensch und Welt, sondern ein Lauschen auf die beständige Möglichkeit des eigenen Fehlens. Also auf unsere bisweilen vorkommenden Abwesenheiten wie auch auf jeden Moment,

Ich sage Ja zu Leben und Tod

in welchem wir uns vergehen. Und es meint natürlich unser Offensein und Innewerden von all dem, was das Göttliche je von uns verlangt.

Auch eine Art rechtverstandene *Keuschheit* ist nötig. Das meint *Lauterkeit* in Absicht und Tat, Treue zu sich selbst und zur Göttin. Und insbesondere Enthaltsamkeit gegenüber Konsumdenken, Neugier, Geltungssucht, Ehrgeiz und allem Treiben und Firlefanz der Welt. Und es meint auch die Pflicht, insbesondere das Weibliche zu achten, das Leibliche zu ehren und das Natürliche zu tun.

Es ist vielleicht nicht abwegig, diese Dinge mit dem Sammelbegriff *Hingabe* zu bezeichnen. Und es ist diese Hingabefähigkeit, *so* verstanden, auch und gerade eine Haupttugend weiblichen Wesens. Hin-Gabe. Das ist eben: sich selbst hin- und weggeben, sich einlassen ganz und gar auf die Stimme des Lebens, auf die Stimme des Herzens, auf die Stimmen der Intuition. Es ist dieses Sich-Einlassen auf die jeweilige Eigengesetzlichkeit dessen, womit ich gerade beschäftigt bin, wozu ich Zugang finden möchte, was ich be- und er- arbeite. Die Bereitschaft und Fähigkeit des *Spürens*.

*Spüren, das hat doppelten Sinn: empfinden, einfühlen, sinnenhaft *wahr*nehmen. Aber auch nachspüren, d.h., auf der Spur sein. Auf der Fährte dessen, was wir suchen, auf der Fährte dessen, dem wir folgen. Da sind wir dann selbst eben stille. Nur offen, aufmerksam, bereit. Nehmen an, bejahen, lassen uns führen und befruchten. Da wird "Diana" aus uns, Jägerin und Frau in einer Person. Göttin und Priesterin. Und da wird Gespür eben wiederum zur Folgsamkeit, zur Folgsamkeit gegenüber der Aufgabe, gegenüber den Gesetzen und gegenüber dem eigenen Selbst.

Seltsamerweise ergibt sich nur aus all diesem zusammen echte *Autorität*. Denn diese ist ja, als Zusammengesetztes aus lat. audire (hören) und lat. auctor (Schöpfer) eben jene schöpferische Machtvollkommenheit, die nur dann positiv, fruchtbar und akzeptabel ist, wenn sie ihrerseits rückgebunden ist an die eigene Bereitschaft zu Hingabe und Gehorsam.

Genau so verstehen wir unsere Vollmacht, im Sinne des Weiblich-Göttlichen zu wirken. Dieses Wirken umschließt dann auch die Fähigkeit, im Reich der Kräfte und Mächte zu gebieten. Diese Macht zu gebieten ist natürlich *nie* eine Macht *über* etwas oder jemanden. Eine solche Macht beruht ja immer auf Ohnmacht. *Echte* Vollmacht dagegen entsteht nur aus der Verschwisterung von Hingabe an die Sache und die Gottheit mit jener Selbststärke, wie sie nur aus dem *befreiten inneren Wesen* kommt, auf der Grundlage der Gesetze aufruht und durch die beständige Arbeit an sich selbst geschliffen wird.*

Echte Vollmacht im Sinne einer Macht, welche sowohl von innen gespeist wird als auch aus der Pflicht bzw. Hingabe, besitzt insofern nur ein *gerechter* Mensch. Denn das ist einer, der den Gesetzen, der Sache, der er dient *und* sich selbst gerecht wird. Sie entsteht also nur aus dem Einklang all dieser Aspekte. Und ebenso entsteht aus diesem Einklang Willensstärke, Tatkraft, Klarheit und die Kraft zu kreativer Gestaltung. Aus der Nichtbeachtung dieser Dinge dagegen entstehen Zweifel, Ängstlichkeit, Entscheidungsunfähigkeit sowie Verschwommenheit im Denken, Fühlen und Tun. Aus dem einen fließt wirkendes Heil, aus dem anderen Disharmonie und Verwirrung. Aus dem einen erwächst die Sicherheit, daß das eigene Tun gut ist, das andere dagegen vermehrt Sorgen und Leid.

Ich bin bewußt und offen

Vergessen wir nicht: es geht ja hier nicht zuletzt auch ums Göttliche. Und wir wären verrückt, wenn wir nicht glaubten, *daß das Göttliche gut und das Gute göttlich sei.* Das heißt, daß der absolute Glaube an das Gute den unausgesprochenen aber immer präsenten Hintergrund unseres Tuns bildet. Wir gehen davon aus, daß alles, was vom Göttlichen je geschaffen wurde, gut ist. Und wir gehen davon aus, daß unser Dienst, insofern wir ihn im Namen des Göttlichen tun, *auch* gut ist.

Wir können *gut* dabei umschreiben mit den Begriffen heilend, liebevoll, achtsam, aufbauend, fruchtbar, Ganzheiten schaffend und bewußt. Und wir sind der Ansicht, daß es dabei nicht mit *einem* dieser Dinge sein Bewenden hat, sondern daß für das wirklich Gute immer *alle* diese Eigenschaften zusammentreffen.

Insofern meinen wir auch, daß es innerhalb des Göttlichen keinerlei *bösen* Mächte und Kräfte gibt. Das sogenannte Böse findet sich allenfalls dort, wo Gottlosigkeit ist, Egoismus, Zusein, Machtstreben über andere und Dummheit. Wobei Dummheit für uns eine Art geistige Zuheit ist, also ein aktives sich Sperren gegen eine mögliche bessere Einsicht.

Da es jedoch Dummheit und alle möglichen anderen Arten von destruktiven Kräften gibt, solange die Menschheit existiert, kann man durchaus sagen, das Böse ist in der Welt, seit der Mensch in der Welt ist. Wir dürfen ja nicht vergessen, daß auch Gedanken Energien sind. Und daß destruktive Taten, vor allem Kriege, ebenfalls eine Unmenge an zerstörerischer Energie freisetzen. Diese Energien verschwinden nicht einfach, wenn der entsprechende Gedanke zu Ende gedacht oder der Krieg vorüber ist. Wie wir aus der Physik wissen, geht Energie nicht verloren. Und so müssen wir davon ausgehen, daß sich im Laufe der Geschichte eine Unmenge destruktiver, und d.h. eben, böser Energie, zusammengeballt hat. Und mindestens in Form seelischer, unterbewußter Beeinflussung am Werk ist. Diese Mächte zu bannen, zurückzudrängen, ja zu vermindern, und die Ängste, die sie auslösen, das Leid und die Not, welche sie anrichten zu heilen, sehen wir daher auch als unsere Aufgabe an.

Gerade weil jedoch diese Kräfte und Mächte heute so groß sind, ist es verständlich, daß Menschen, die ihnen entgegentreten oder ihnen gar gebieten wollen, ihrerseits über eine sehr starke Persönlichkeit verfügen müssen.

Ich bin gut zu mir, achte mich und werde geachtet

Über starken Willen, über die unbedingte Macht und Kraft des Guten. Von daher eben, um es noch einmal zu sagen, die Notwendigkeit von Gesetz und Selbstzucht. Von daher aber auch die Notwendigkeit zu wissen, daß die Kraft des Guten, in dessen Namen und für dessen Vermehrung wir handeln, nicht unsere persönliche Kraft ist, sondern die Kraft des Göttlichen. Und zwar insbesondere die Kraft der *Göttin*. Denn sie, das als Göttlich gedachte Ideal des Weiblichen, der weiblichen Wesenszüge, Tugenden und Fähigkeiten ist es ja in erster Linie, die im Kosmos die Seite von Liebe, Leben und positiver Schöpferkraft verkörpert.

Egoistisch und daher kraftlos, wenn nicht gar zerstörerisch ist es zu glauben, ich selbst wäre es, die oder der etwas bewirkt. Wir selbst sind in diesem Sinne nichts. Das Göttliche hingegen, das Gute, zu dessen Wachstum wir beitragen, ist es einzig und allein, das uns Kraft und Vollmacht verleiht. Indem wir unser Leben, unser Denken und Tun der Verbreitung des Guten, des Göttlichen - und als Frauen insbesondere der Verbreitung des Weiblich-Göttlichen widmen, erfüllen wir jene Aufgabe, die wir neben der persönlichen Pflicht, Leben, Natur und Menschheit zu achten, zu bewahren und fortzupflanzen noch haben.

Es ist ja keine Überheblichkeit, wenn sich der Mensch als die Krone der Schöpfung versteht. Es ist allerdings ein Unding, wenn die Krone den Leib vernichtet, der sie trägt und den sie zieren sollte. Der Mensch ist das kraftvollste und am weitesten entwickelte Wesen im Reigen der Mitgeschöpfe und daher verpflichtet, zu deren Erhaltung, Entfaltung und Wohlergehen beizutragen. Die Frauen wiederum sind unter den Menschen jene, die Leben und damit Weiterentwicklung des ganzen Menschengeschlechtes spenden. Und deshalb sind *gerade sie* aufgerufen, sich gegen jede Form von Unmenschlichkeit und Lebenszerstörung zu stellen.

Weise Frauen endlich, mögen sie sich nun Schamaninnen, Priesterinnen, Heilerinnen oder *Isen* nennen, sind verpflichtet, über all diese menschlichen und fraulichen Aufgaben hinaus das Wesen des Weiblichen als etwas Göttliches zu ehren. In diesem Sinne zu wirken, und das Bewußtsein, *daß das Weibliche die Inkarnation der weiblichen Aspekte des Göttlichen ist*, zu lehren und zu verbreiten.

Ich bin in Liebe und Beziehung eine reife Frau
Ich liebe das Leben, die Lust und die Liebe

Wichtige Leitlinien für unser Denken und Handeln gibt uns das energie-
orientierte Weltbild. Wir gehen davon aus, daß es, abgesehen von den vorhin
beschriebenen Ausnahmen, keine negative Energie gibt, sondern daß Energie, physikalisch gesehen, immer neutral ist. Es gibt lediglich einen negativen und einen positiven Pol, wobei diese Pole als Fließrichtungen zu sehen
sind, vergleichbar dem Wasser, das immer von oben nach unten fließt oder
magnetischen Anziehungs- und Abstoßungsphänomenen.

Wir akzeptieren weiterhin als Grundlage unserer Lebensorientierung die bioenergetischen und biosynergetischen Grundtatsachen. Im wesentlichen zählt
dazu, daß es keine negativen Gefühle gibt, vielmehr alle Gefühle subjektiv
ihre Berechtigung besitzen. Negativ wirken sich allenfalls Blockierungen der
Gefühle aus, weil diese dadurch in die Außenwelt projiziert werden bzw. im
Menschen selbst zu Verfärbungen des energetischen Gesamtzustandes und

damit zu Beeinträchtigungen des Gemüts-, Geistes- und Gesundheitszustandes führen. Auch gehört hierher die Überzeugung, daß im natürlichen Wachstumspotential des Menschen die Entwicklung hin zum Göttlichen von Hause aus mitgegeben ist. Daß also die im Menschen angelegten Energien, wenn sie keinen Blockierungen unterliegen, sich bis hinein in eine Synthese mit dem Göttlichen entfalten.

*Ein weiterer ganz allgemeiner Grundsatz unseres Lebens besteht darin, daß wir versuchen, im Einklang mit den natürlichen Rhythmen der Welt, mit den Gezeiten der Natur und auch in möglichst großer Übereinstimmung zwischen unserem Inneren und unserem Auftreten zu leben. So versuchen wir z.B., Sinn und Bedeutung der Himmelsrichtungen, von Jahres- und Tageszeiten, ja das Wissen um die Kräfte der einzelnen Tage und vieler anderer Phänomene in Raum und Zeit in unser Leben mit einzubeziehen. Wir versuchen, unseren Alltag, unsere Kleidung, die Art unseres Sprechens oder auch unser Essen unserem Sein als Ise anzuformen bzw. unser Isentum in diesen Dingen zum Ausdruck zu bringen.

Dahinter steht ein umfassendes Wertebewußtsein in Bezug auf Dinge, aber auch in Bezug auf menschliche Würde. So dieses Wertebewußtsein innerhalb unserer Gesellschaft regelmäßig mißachtet und den Vermarktungsstrategien, Leistungszwängen, Kapitalansammlungen oder Versicherungswahnhaftigkeiten zum Opfer gebracht wird, so also Menschsein und Frausein heute *leichtfertigst* vermarktet wird, bemühen *wir* uns gerade in *diesen* Dingen um möglichst große Disziplin. Unsere Leitlinien in dieser Hinsicht sind: Schönheit, Natürlichkeit, Qualitätsbewußtsein, Kraftbewußtsein, Stolz. *Wir lehnen es ab, uns selbst zu verkaufen.*

Da es uns um die Verlebendigung weiblichen Wesens in einer weitgehend patriarchal dominierten Welt geht, sehen wir unsere Aufgabe auch darin, patriarchaler Dominose über Weibliches, über Natürliches, über Lebendiges entgegenzutreten, wo und in welchem Gewande auch immer sie uns begegnet. Ganz besonders gilt dies auch überall dort, wo mit den Scheinargumenten medizinischer Notwendigkeit in Frauenleiber und Frauenleben eingegriffen, wo ausgeschabt und entfernt wird, weggeschnitten und verstümmelt, geliftet, gespritzt, verstrahlt, gebohrt, hormongemästet, tablettenverabhängigt. Oder wo die Kinder bereits vom Mutterbauche an abgehört und infiltriert,

---

Ich lasse mich zu nichts überreden

durchleuchtet, beschallt und allergisiert werden. Oder später orthopädisch oder zahnärztlich korsettiert und verbogen, mundverklammert oder genagelt und was noch mehr an grauenvoll Unnützem unsere neuen "Halbgötter in Weiß" zwecks eigener Bereicherung und zur Stillung ihres Allmachtstriebes bereithalten.

Dasselbe gilt für alle Momente, in denen uns die patriarchale Unterdrückung in Form von väterlicher Beschwichtigung oder höflichen Kavaliertums entgegentritt. Wir bevorzugen die Offenheit in Rede und Gegenrede und schätzen es, wenn unseren weiblichen Waffen standgehalten wird. Dies zwingt uns natürlich, die entsprechenden Mechanismen und Fixierungen auch in uns selbst herauszufinden und auch auf diese nicht mehr hereinzufallen. In diesem Sinne geht uns auch hier Selbstprüfung vor Streit.

So skizzenhaft und vorläufig, so tastend und unsicher wie wir selbst in diesem neuen Dasein als Isen, mag auch wohl dieser Versuch sein, zu einer neuen weiblichen, humanen und priesterlichen Ethik zu gelangen. Dennoch wagen wir es immer wieder, auch höchste Dinge: unsere Beziehung zum Göttlichen, ja dieses selbst laut auszusprechen und zu vertreten. Solange wir Worte wie Gott oder Göttin, Segen oder Fluch, richtig oder falsch nicht *laut* auszusprechen wagen, stimmt etwas bei uns selbst nicht. Es gehört ja mit zu unserer Freiheit und Eigengesetzlichkeit, daß wir gerade jene Impulse, in denen sich unser weibliches Sein mit dem Göttlichen verwebt, deutlich und unverstellt ins Leben bringen.*

Natürlich heißt Freiheit und Eigengesetzlichkeit dabei wiederum nicht Chaotik und Gesetzlosigkeit, und bedeutet das Streben, uns von unseren Gefühlen leiten zu lassen, nicht wiederum Beliebigkeit in ihrem Ausleben. Wie in allen anderen Bereichen üben wir uns auch hier stets darin, die Grenzen zwischen heilbringend und zerstörend zu erkennen.

Nur indem wir diese Grenzen und die Gesetze, welche sie in den verschiedensten Lebensbereichen markieren, beachten lernen, erhält unser Leben und unser Tun *Form und Gestalt*. Wenn wir uns zutiefst bewußt sind, daß die Gesetze, nach denen wir leben, unserer Weiblichkeit und unserer Autonomie entspringen, dann können wir es uns ersparen, auch in solchen Situationen wieder von vorne zu fragen oder zu zweifeln, in denen unsere aktuellen Bedürfnisse uns vielleicht zu etwas anderem verleiten möchten.

Im Begriff "Bedürfnis" erkennen wir ja auch das Wort "dürfen". So sehr also auch bisweilen unsere Bedürfnisse jene Gesetze zu mißachten wünschen, so sehr müssen wir uns in Erinnerung rufen, daß es sich ja um unsere *frei-willig* aufgestellten Gesetze handelt. Und folglich ihre Beachtung für uns das uns selbst gegebene oberste Gebot darstellt.

Über allen Gesetzen jedoch steht das *Maß*. Soweit auch immer menschliches Recht, Naturgesetzlichkeit, die Anforderungen des Göttlichen unser Tun bestimmen sollen, so gebietet uns doch unsere Weiblichkeit - und d.h. hier speziell *unser Herz!* - in all diesen Dingen das rechte Maß zu wahren. Dogmatismus, Prinzipienreiterei, Verhaftung an Grundsätzen oder den Aufbau einer wiederum neuen Autorität nach unserem Muster lehnen wir ab.

89

90

Isen-Verfassung

*Die Grundlage unseres Handelns und unserer Selbstsicherheit bietet staatlich als auch persönlich das *Grundgesetz*. Ein anderer Ausdruck dafür ist Verfassung. In Bezug auf uns selbst sollte also hinkünftig der Ausdruck "Verfassung" ebenfalls mehr beschreiben, als nur die augenblickliche körperliche, geistige oder gefühlsmäßige Befindlichkeit. Vielmehr sollte diese stets, wie auch das Wort "Grundgesetz" nahelegt, in möglichst großem Einklang mit den Grundlagen unserer Persönlichkeit sein. Da wir eigentlich versuchen wollen, nicht hinter den uns gegebenen Möglichkeiten zurückzubleiben, bedeutet das, daß auch unser eigenes Grundgesetz, also die Verfassung, in der wir uns beständig befinden sollten, stets von den Aspekten der Würde, der Freiheit, des Rechtes auf ungekränkte Selbstentfaltung, der Meinungsfreiheit und der freien Religionsausübung geleitet wird.

Der freie Mensch hängt in seiner Verfassung niemals von etwas ab, was ihm von außen aufgezwungen wird. Er regelt vielmehr sein Leben gemäß seiner eigenen Verfassung. Zweifellos sollen wir uns darum bemühen, die Verfassung, in welcher der jeweils andere Mensch steht, zu respektieren. Gleichwohl dürfen wir unsere *eigene* Verfassung, als das uns selbst gegebene Grundgesetz, niemals verraten. Von *hier* aus regelt sich unser Umgang mit allem anderen, und erst dann sind wir selbstbestimmt.

Diese Überlegungen leiten uns natürlich zu der Frage, in welcher Verfassung sich eine freie Frau über die oben genannten Punkte hinaus befinden sollte. Betrifft doch die Eigengesetzlichkeit der Frau, also ihre Verfassung, auch alles das, was sich spezifisch aus den weiblichen Aspekten ihres Seins ergibt. Im Klartext: Die Verfassung der Frau nur an allgemeinmenschlichen Aspekten zu orientieren und dabei weibliche Eigenartigkeiten unberücksichtigt zu lassen, kann nicht zu einem wirklich befriedigenden Leben führen. Und zwar weder individuell noch gesamtgesellschaftlich.

Das Wesen des Weiblichen wird unserer Ansicht nach entscheidend bestimmt von folgenden Dingen: 1. Gebären und Nähren. 2. Treue zum Leben. Darunter verstehen wir *unbedingten* Einsatz für die Erhaltung des Lebens.

Ich habe eine positive Einstellung zur Lust
und bin annahme- und hingabefähig

Das Weibliche gibt lieber nach als zu zerstören. Und es zerstört eher Strukturen und Institutionen als das Leben auch nur eines Menschen.

3. Unbedingte, d.h. *radikale* (von der Wurzel ausgehende) Bejahung des Körpers. Das schließt ein: Förderung von Gesundheit, Schönheit und Freude, Pflege und immerwährende Beachtung des Körpers sowie die Priorität des liebenden Annehmens vor Verteidigung, Schutzmechanismen und sich verschließen.

4. Unsere monatliche Blutung. Durch diese erhalten wir die Möglichkeit, unsere Eigengesetzmäßigkeit als bedeutender zu erleben als das rastlose Getriebe der Welt. Sie verweist uns auf unser Eingebettetsein in die zyklischen Strukturen von Leben, Raum und Zeit. Sie hält uns verletzlich, sie reinigt uns.

Verletzlichkeit und Abstoßung von Unfruchtbar-Überaltertem sind jedoch die zwei Ufer, zwischen denen der Fluß des menschlichen Lebens sich natürlicherweise auszubreiten vermag. Verletzlichkeit bildet ja die Garantie dafür, daß wir sensibel bleiben im doppelten Sinne des Wortes Wunde: verwundbar *und* fähig, uns zu wundern.

Ich habe Freude am Materiellen und am Gewinn

Abstoßung von Unfruchtbarem wiederum schützt uns vor der Gefahr, in Gewohnheiten, Mechanisierungen oder überlebten Strukturen zu erstarren.

Indem wir Monat für Monat unser Blut vergießen, um uns fruchtbar und das Leben zu erhalten, gewinnen wir auch ein eigenes Verhältnis zum Tod. Er ist stets präsent, wenn es um die Geburt neuen Lebens geht. Aber auch da, wo wir zur Erhaltung des Lebens etwa Nahrung ernten und Tiere töten, zur Erhaltung der Gesundheit Kräuter schneiden oder zur Erhaltung der Menschenwürde ein Sterben in Liebe und Achtung sich ereignen lassen, zeigt sich Weiblichkeit in vertrautester Nähe zum Tod.
Und also gehört es zur Grundverfassung weiblichen Seins, keine Angst vor dem Leben zu haben und keine Angst vor dem Tod. Vielmehr umspannt unser Sein die Liebe zu und die Ehrfurcht vor beidem. Indem wir

das aber begreifen, sehen wir uns *über* beides gestellt als Wächterinnen, als Hüterinnen dieser Tore. Aber auch als Künderinnen von einem Leben, das Geburt und Tod überragt.

Und als Sphinxen, jene rätselhaften Wesen nämlich, die sich bisweilen selber nicht ergründen können, die aber auch jedem anderen als Frage, ja als Anfrage gegenübertreten, wie *er* es denn nun halte mit Leben und Tod, Liebe und Gott.

Nicht unrecht wäre es, nur jenen Einlaß zu gewähren, die sich diesen Fragen stellen.

Ich habe Hoffnung und Demut

Aus diesem Grundgesetz leiten sich wichtige andere Dinge ab. Und zwar einmal, wie ich mit mir selbst umgehe, zum zweiten, wie ich mit anderen umgehe. Ich muß ja nicht nur der weiblichen Grundverfassung gehorchen, sondern auch den Eigenheiten meiner Person Rechnung tragen. Das Wort "Gesetz" weist mich deutlich auf das, wohinein ich gesetzt bin, also mein Umfeld, meine mitmenschlichen Bezüge, meine Gegenwart. Und es verweist mich auch auf das, was spezifisch *in mich* gesetzt ist, also meine Anlagen, Talente, Fähigkeiten. Ich bin verpflichtet, beiden Bereichen das Ihrige zukommen zu lassen.

In Bezug auf mich bedeutet das, daß es mir nur dann gut geht, wenn ich alle mir eigenen Bedürfnisse und Anlagen zum Leben bringe. Ansonsten handle ich mir Leid ein an meiner Seele.

Ich bin gleichermaßen verpflichtet, meinen Umgang mit der Mitwelt so zu gestalten, daß mir und anderen weder Schuldgefühle entstehen noch ein schlechtes Gewissen, weder Belastungen noch Vermeidung von Lernschritten.

Isen fragen nicht, sie finden Antworten.
Isen beantworten nicht alle Fragen, sie zeigen Wege zu eigener Lösung.
Isen haben keine Probleme, sie lösen Probleme.
Isen zweifeln nicht, sie entscheiden.
Isen zögern nicht, sie wissen oder gehorchen.

Wir glauben, daß eine freie Frau keiner Profilneurose bedarf. Sie hat es nicht nötig, sich einzuschmeicheln. Sie hat keine Probleme damit, absonderlich zu wirken. Und sie lernt immer wieder, in wohlwollendem Respekt, Klarheit, Wahrheit und Heiterkeit mit den Absonderlichkeiten anderer umzugehen. In Noblesse also, jener Mischung aus heiterer Gelassenheit, Großmut und Achtung, in der sowohl die eigene Würde als auch die Würde des anderen stets gewahrt bleibt.
Würde ist ja nicht Hochmut, und Selbstbewußtheit hat nichts zu tun mit substanzlosem Stolz. Würde hat vielmehr zu tun mit der Hochachtung vor jeglichem Leben; mit der Achtung, die ich mir selbst und den mir gestellten Aufgaben entgegenbringe, und mit dem Heil, das mein Tun wirkt. Hier gibt es nichts zu verraten, hier gibt es nichts zu verstecken und hier gibt es nichts zu schmälern.
Sind wir Menschen, so ergibt sich daraus unser Rang unter den Lebewesen. Sind wir Frauen und folgen wir unseren Grundgesetzen, so ergibt sich daraus unser Rang unter den Menschen. Und *eigentlich* heißt Selbstachtung in *diesem* Sinne, daß wir kein Recht mehr haben, *unter* diesem Rang zu leben.

Ich habe Wertschätzung für meine Mitmenschen

Unsere Selbstachtung gestattet es uns, Fehler zu machen! Aber sie verbietet es, aus diesen Fehlern nichts zu lernen! Unsere Selbstachtung gestattet es, Schwächen zu zeigen und unsere Ängste furchtlos zu äußern. Aber sie verbietet uns, uns wie Kinder zu gebärden. Wir haben nämlich begriffen, was es heißt, mündig zu sein: Es bedeutet, den Mund aufzumachen, zu sagen, wie mir zumute ist, meine Stimme zu erheben, wo ich Unrecht erlebe und einen Bannschrei auszustoßen, wenn gefrevelt wird an dem, was wir uns zu bewahren geschworen haben.

Und mündig, selbst-be-stimmt heißt auch: Wir haben Sprache. Muttersprache und eigenes Sagen. Wir bewohnen unsere Sprache und verlebendigen sie. Und uns in und mit ihr. Wir horchen zu ihr hin, schmecken sie, erspüren ihre Vielfalt, ihre Vielsinnigkeit, ihren Witz, ernsthaft und auch spielerisch. Wir weben sie zu Netzen, mit denen wir die glitzernden Fische unserer Intuition einfangen. Wir verdichten sie zu Klang und Schwingung, zu Tiefsinn und Wortspiel, zu Gebet und Gesang.

Auch Sprache ist weiblich: Muttermund.-

Wir sind nicht verpflichtet, aber verantwortlich. Und damit meinen wir, daß wir uns nicht in Verflechtungen, Verstrickungen, Abhängigkeiten hineinmanipulieren lassen, die unseren Grundgesetzen widersprechen oder uns in der Ausübung unseres Dienstes behindern. Mit "verantwortlich" hingegen meinen wir, daß wir *unsere* Antworten geben in Rede und Tat, offen, ehrlich, unverstellt. Und dieses dann eben auch *ganz* verantworten. Also nicht im Nachhinein wieder einschränken, verwässern, zurückziehen. Und wir geben, weil es ja *unsere* Antworten sind, auch nicht unbedingt jene, die man uns gelehrt hat oder die von uns erwartet werden.

All dies ist natürlich ein Ideal. Und doch streben wir es an. Und wenn wir es verfehlen, selbstanklagen wir uns nicht. Jammern wir nicht, lamentieren wir nicht, labern wir nicht pseudoleidvoll herum. Wir versuchen, nicht zimperlich zu sein, nicht gekränkt, nicht humorlos und nicht perfekt.

Sind wir da, dann sind wir präsent. Von innen her, *wesenhaft*. Vermögen wir das nicht zu sein, sollten wir gehen. - Wohl engagieren wir uns, ohne jedoch zu missionieren. Und wenn eine gefallen ist, so heben wir sie zwar auf, tupfen ihr wohl auch noch das Blut ab, doch dann lassen wir sie. Wer wieder stürzen möchte, darf dies tun. Es kommt darauf an, immer wieder aufzustehen. Es kommt darauf an, daß *wir uns* erheben. Unsere Kräfte vervielfältigen sich mit jeder bestandenen Mutprobe. Und *daß* sie sich vervielfältigen, ist Not-wendig.

Wir spinnen unsere Kreise.
Viele von ihnen halten, und viele wickeln sich wieder auf.
Doch wir beginnen wieder, denn wir wissen, daß diese Arbeit,
Gemeinschaften zu machen,
zugleich
das Weben des Mantels der GÖTTIN ist.
Möge es ein Umhang sein, der jede(n) von uns
vor der Kälte schützt;
ein Netz,
das uns fängt,
wenn wir fallen.
(Starhawk)

Ich bin selbständig und eine reife Frau
Ich habe gleichberechtigte und reife Partner

102

Biographische Beiträge

Alexandra, 23, Erzieherin

Unterwegs auf meiner Reise, meine spirituelle Innen- und Außenwelt neu zu entdecken, befinde ich mich zur Zeit nahe dem "Thron der Götter", wie das Himalaya-Gebirge im Norden Indiens bezeichnet wird. Und mit diesem Bewußtsein am Ufer des Ganges zu sitzen, ist schon ein ganz besonderes Gefühl.

Angeregt durch den Besuch eines Tempels zu Ehren der Göttin Kali, die mit ihren entsprechenden Erscheinungsformen, Namen und Symbolen die unterschiedlichsten Aspekte göttlichen Seins verkörpert, schweifen meine Gedanken zurück zu meiner eigenen Weihe als Priesterin.

Vieles hat sich seitdem in meinem Leben entwickelt. Ich erinnere mich an die Zeit unmittelbar nach der Weihe. Sie wurde begleitet von viel Unsicherheit darüber, wie ich sie in mein Leben integriere. Insbesondere die Frage, was ich in meinem Leben erreichen möchte und was wirklich von Bedeutung für mich ist, nahm Stunden in Anspruch, bis ich mich der Beantwortung auch nur ansatzweise nähern konnte.

Die wichtigste Erkenntnis war erst einmal, daß ich alleine entscheiden kann, wie ich mein Leben gestalte, und kein anderer dafür verantwortlich ist. Ebenso, daß das Warten auf sogenannte bessere Zeiten für sprituelle und weltliche Erfahrungen sinnlos ist. Die wird es nie geben. Ich muß lernen, mich selber immer wieder aufs Neue an dem Punkt abzuholen wo ich heute stehe.

Die erste einschlägige Veränderung meines Lebens durch die Weihe ist diese Reise nach Indien, der Mut, mich den gesellschaftlichen Zwängen zu entziehen, und mir die Zeit zu nehmen, die ich brauche, um mich selber zu entdecken. Indien eignet sich für solche Erfahrungen ganz besonders. Ich gerate oft, auch ungewollt, in Situationen, die so zwingend sind, daß ich mich mit mir auseinandersetzen muß. Das einfachste Beispiel dafür sind Ängste, von denen ich erfahren habe, daß sie, egal worauf sie sich beziehen und wie gering sie sind, immer Ängste vor dem Tod sind.

Ich setze mich viel mit dem Leben und dem Tod auseinander und stelle fest, daß ich trotz einer offenen Lebenshaltung in ganz vielen Bereichen sehr lebensverneinend bin. Ich kann mittlerweile, und das ist für mich ein großer Fortschritt, an mir selbst beobachten, wo ich mir Blockaden setze, in welchen Situationen ich meine Stimmung zum Umsturz bringe, größtenteils mit dem Ziel, es mir nicht gutgehen zu lassen.

Ich spüre: Ich stecke voll mit irgendwelchen Schuldgefühlen, lasse mir allzu-
schnell ein schlechtes Gewissen einreden, wenn es mir gut geht. Und das
wiederum basiert auf dem Gefühl, es nicht wert zu sein, vor mir selber und
vor anderen Menschen.

Ich habe mir in verschiedenen Ashrams bisher viel Zeit genommen, den
Blick nach innen zu schärfen und erfahre so sehr viel über mich. Das liegt
vor allem daran, daß ich den Mut bekommen habe, mich selber zu betrachten, auch die sogenannten dunklen Seiten. Ich werde ehrlicher, vor mir und
vor anderen. Vieles von irgendwelchen Fassaden und Masken fällt weg. Ich
bekomme mehr und mehr den Zugang zu meinen ureigensten Gefühlen. Seit
der Frauenweihe spüre ich eine Kraft in mir, aus der ich nur zu schöpfen
brauche. Aber das ist nicht immer ganz leicht, viel zu oft renne ich immer
noch unbewußt durch die Welt. Aber ich spüre, welche Potentiale in mir
stecken, und sie zu entfalten, bedeutet oft ein kleines Abenteuer.

Ich möchte noch von einem sehr schönen Erlebnis erzählen. Ich lag anein-
andergekuschelt an einen Mann Namens Tabish. Wir hörten Musik, erzähl-
ten uns gegenseitig, was wir sahen. Nach und nach schwand das Gefühl für
den physischen Körper, wir waren uns aber unserer Existenz vollkommen
bewußt. Und als wir so für lange Zeit da lagen, hatte ich das Gefühl, Tabish
vollkommen in mir aufzunehmen, ihn mit meiner Scheide zu umschließen.
Ich fühlte mich in diesem Moment wie die Urquelle allen Seins, ich war dem
großen Weiblichen, der Mutter der Erde und des Universums so nahe.
Dieses Gefühl hat noch lange angehalten.

Es zeigte mir eine ganz neue Dimension des Lebens, eine Dimension jenes
Lebens, das ich für mich verwirklichen möchte. Die Göttin begleitet mich
auf jedem Schritt, den ich gehe. Manchmal ist mir ihre Anwesenheit sogar
körperlich bewußt; sie füllt den Raum mit ganz besonderen Energien.

Meine Weihe zur Priesterin hat mir diese Türen geöffnet, sie führt mich zu
der Urquelle meines Seins. Und ich verspüre viel Dankbarkeit für meine
Existenz.--

"If a person wants to be truely free
then there ist no one in the world
who will be able to stop them-
but who has the courage
to stand alone in the thruth?"
(Aus einem Hotelvorzimmer in New Dehli, und ich fand ihn sehr wahr.)

Angela, 42, verheiratet, 1 Sohn, Sozialpädagogin

Nach zwei Jahrzehnten, die ausgefüllt waren mit Ausbildung, Studium, Arbeit, Mutter- und Ehefrau-sein, schloß ich mich einer Frauengesprächsgruppe an und half mit bei der Betreuung von Asylbewerberfrauen und deren Kindern. Es machte mir viel Freude, unter Frauen zu sein, aber ich spürte bald, daß ich noch auf der Suche nach mehr war. Was es war, konnte ich nicht genau definieren. Ich wußte nur, daß ich etwas für meinen Körper tun wollte, doch waren die Gymnastik oder das autogene Training u.ä. nicht ganz das, was ich wünschte und suchte. Schließlich fand ich mit meinem Mann zur Arbeit dieser Gruppe.

Langsam aber stetig veränderte sich seither unser Leben und unsere Umgebung. Ich spüre jetzt mehr und mehr meine Stärken und meine Schwächen und lerne, mit ihnen umzugehen. Mein Selbstbewußtsein hat zugenommen, und ich lasse mich nicht mehr so von meinen Minderwertigkeitsgefühlen herunterziehen. Ich lerne, mich so anzunehmen und zu lieben, wie ich bin. Das fällt mir sehr schwer, doch jedesmal, wenn es mir gelingt, kann ich wunderschöne Glücksgefühle und Freude empfinden.

Vor allem meine Weiblichkeit und mein Frau-sein empfinde ich heute als wertvoll. Im Nachhinein sehe ich klar, wie stark das patriarchale System, in dem ich aufgewachsen bin, mich geprägt hat. Die Entwertung, die diese Gesellschaft uns Frauen antut, hatte ich voll verinnerlicht, und ich hielt mich tatsächlich für geistig minderbemittelt, unlogisch und unsachlich. Statt dessen erlebe ich jetzt immer wieder, wie tief ich fühlen kann, daß meine Intuition eine positive Fähigkeit ist und mein logisches Denken nicht stört, sondern unterstützt.

Seit ich bei mir und bei anderen Frauen erlebt habe, welche Schätze wir Frauen im Verborgenen haben, welch intensiver Gefühle wir auch gegenseitig fähig sind, und wie wichtig es ist, daß wir uns weiter gemeinsam auf die Suche nach unserer Stärke machen, fühle ich eine ernsthafte Verantwortlichkeit für die Frauen und eine große Verbundenheit mit unserer Mutter Erde, mit den Elementen, den Gestirnen und dem All-Sein.

So hat mein Leben als Priesterin und Ise nun eine ganz neue Bedeutung und Wertigkeit erhalten. Ich habe erkannt, daß es eine Beziehung zwischen mir und dem Universum, zwischen mir und allen Dingen und Menschen gibt, daß alles zusammengehört und ineinandergreift, und daß ich dazugehöre. Ich fühle mich daheim, angekommen und angenommen, und das gibt mir ein neues Gefühl von innerer Ruhe und Gelassenheit. Ich habe mein Urvertrauen wiedergefunden, und dies gibt mir gegenüber dem Göttlichen ein Gefühl von Demut, läßt aber zugleich in mir eine Kraft wachsen, und den Wunsch, immer glaubhafter und verantwortlicher zu leben, heil zu sein und selbst zu heilen.

Angelika, 43, Lehrerin

Viele Jahre der Unzufriedenheit, der Unlebendigkeit, des Leidens an meinem Frau-Sein liegen hinter mir. Das ungelebte Leben meiner Mutter hatte ich nicht nachleben wollen, und so verweigerte ich insgesamt mein Leben als Frau. Sicherlich, teilweise führte ich ja ein anderes Leben als sie. Ich hatte einen Beruf erlernt, mich nicht in die Abhängigkeit einer elenden Ehe begeben, führte kein erstickendes Hausmütterchendasein. Trotzdem war ich nicht glücklich. Mir fehlte etwas.

Nach langjähriger Arbeit als Erzieherin begann ich ein Hochschulstudium. Ich setzte mich in Frauengruppen mit feministischen Theorien auseinander, kämpfte gegen patriarchale Strukturen und Verhaltensweisen an der Uni und in Beziehungen. Spürte, daß ich als Frau anders war als Männer, anders dachte, fühlte, handelte... In den letzten Jahren suchte ich den Mann im Mann, träumte von Liebe und heilen Beziehungen und landete doch immer wieder mit der Nase in Abhängigkeiten und Dreck.

Schließlich begab ich mich in Therapie und gründete eine Selbsthilfegruppe, um mich mit meinen Verstrickungen zu begreifen und an meinem Selbstwertgefühl zu arbeiten. Auch befaßte ich mich stark mit Spiritualität, um meinen Kontakt mit Gott wieder herzustellen. Getrieben von einer starken Befreiungs- und Lebenssehnsucht setzte ich überall Sonden, um an des "Pudels Kern" heranzukommen. Und doch fühlte ich mich immer noch mir selbst entfremdet. Ich spürte, daß ich immer nur Teile des Ganzen berührte.

Doch dann wurde ich von meiner Freundin auf die Arbeit dieser Gruppe aufmerksam gemacht. Ich wurde neugierig. Da ich eine Suchende war, machte ich den Versuch. Und fand, was mir fehlte: die Wertschätzung meiner Weiblichkeit über meine Verbindung zur Göttlichkeit und zum Leben. Ich begriff, wie ich als Frau bisher gegen mich selbst gelebt hatte, und sah, daß ich jetzt das Tor durchschreiten konnte auf dem Weg zu Selbsterkenntnis und Selbstbefreiung. Mir wurde bewußt, daß der Schlüssel zum Frau-sein und Frei-sein *in mir* liegt, in meiner bewußten Entscheidung, mich auf den Weg zu mir selbst zu begeben. Weniger außen zu suchen, sondern in mir.

Und jetzt stehe ich also vor mir selbst oder bin bei mir selbst angekommen. Ich bin das Zentrum meines Lebens und meiner Probleme. Ich sehe meine inneren Unfreiheiten, Abhängigkeiten, Bindungen, Höllen und ungelebtes Leben. Dieses Sehen ist oft schmerzhaft, der Prozeß mühsam, aber ich sehe

Licht am Horizont. Ich versuche, bewußt zu leben, das Ganze in mir zu sehen, zu verstehen, meinem Gespür nachzugehen, meine Widerstände ernst zu nehmen und zu hinterfragen und arbeite an meinen Erlösungen.

Mein Wunsch, Frau und frei zu sein und meine Verbindung zur Göttlichkeit immer mehr zu finden, sind jetzt Inhalt meines Lebenswerkes.

Ab jetzt sind in mir:

Im Kopf : Eigenes Gottesbild, eigenes Weltbild, eigene Erkenntnis, Selbstbewußtsein, Freiheit, Selbstverantwortung, Glaube.

Im Herz : Liebe zu Gott, den Mitmenschen, zu mir, Stolz, Selbstwertgefühl, Mut, Zorn, Wut, Trauer, alle weiblichen Gefühle, Offenheit, Hingabe, Demut, Freude, Lebenslust, Annahme, Ausdruck, Vertrauen, Stärke, Hoffnung, Integrität.

Im Körper : Atem, Sehen, Stehen, Bewegen, Lust, Erotik, Sexualität, Freude am Materiellen, Gewinn, Produktivität, Kreativität, Triebe und Impulse, Fülle, Handlung, Genuß.

Anne H., 38, Krankenschwester, z.Zt. in Ausbildung zur Heilpraktikerin

Nach meiner Heirat 1975 bekam ich zunächst zwei Söhne. Zuerst war ich Hausfrau, später arbeitete ich nebenher in meinem Beruf. Zusätzlich nahm ich ein Psychologiestudium auf, das ich unterbrach, als ich 1989 noch eine Tochter bekam.

Auf den Weg zu mir selbst und zu einer neuen Sichtweise des Lebens kam ich durch eine sehr schwierige Lebenssituation. Eines meiner Kinder war krank und benötigte sehr viel Nähe und Aufmerksamkeit. Das andere Kind war auch noch klein und anstrengend; außerdem bauten wir gerade unser Haus. Ich lebte nur von Tag zu Tag, weil ich es sonst nicht ausgehalten hätte. Eines Tages sagte mir der Kinderarzt, daß mein Kind nur sieben Jahre alt würde. Und so begann für mich die Auseinandersetzung mit dem Tod.

Anfangs konnte ich sehr schlecht mit dem Gedanken umgehen, daß mein Kind evtl. sterben würde. Ich hatte Probleme, ihm meine Liebe zu geben, weil ich das Gefühl hatte, je mehr Liebe ich ihm gebe, um so weher tue ich mir selbst, wenn er nicht mehr da ist. Da ich aber wußte, daß er auf mich und meine Liebe besonders angewiesen war, mußte ich diesen Gedanken ablegen. So versuchte ich, bedingungslose Liebe zu erlernen. Darin übe ich mich noch heute. Ich reifte.

Mein Sohn ist inzwischen 12 Jahre alt. Es geht ihm sehr gut. Er hat bisher immer das Glück gehabt, die richtigen Leute zu finden, die ihn fördern konnten. Die Krankheit ist so gut wie vergessen. Resultat für mich: Der "normale" medizinische Weg muß nicht immer der bessere sein.

Auch mir selbst haben auf unserem anstrengenden Weg immer wieder verständnisvolle Menschen geholfen, denen ich herzlich danke. Geholfen haben mir aber auch zwei Verstorbene, die ich zu deren Lebenszeit nur kurz kennengelernt hatte, und deren Anwesenheit ich einige Zeit lang gespürt habe. Sie haben mir mit ihrer Ruhe, ihren Ratschlägen und Aussagen die Sicherheit gegeben, das zu tun, was nötig war. Mein Dank gilt auch ihnen.

Ab diesem Zeitpunkt beschäftigte ich mich mit Parapsychologie. Ich las Bücher und hörte mir zu diesem Thema regelmäßig Sendungen im Radio an. Auch entdeckte ich für mich selbst eine Methode, um an andere "Schichten" heranzukommen. Es war ungewollt. Es erschienen mir Worte, die etwas mit mir zu tun hatten. Im Laufe der Zeit verstand ich diese Sprache immer besser. Sie ist sehr einfach und doch umfassend, ursprünglich. Auch sie half mir. Ich dachte, daß eigentlich alle Menschen wissen müßten, daß es außer diesem hier sichtbaren Leben noch etwas anderes gibt. Und ich wünschte mir, Menschen kennen zu lernen, mit denen ich mich über diese Dinge unterhalten könnte.

Die fand ich dann auch, als ich "rein zufällig" in einen Bioenergetikkurs geriet.

Es war mir anfangs fremd, so bewußt in mich hineinzufühlen, aber es gefiel mir sehr gut und ich fühlte mich wohl, mit mir selbst angesprochen zu sein. Es machte mir Spaß, meinen Körper und seine Ausdrucksweisen genauer kennenzulernen und die Zusammenhänge zwischen Körper, Geist und Seele immer tiefer zu erleben und zu erkennen. Ich entwickelte mich in großen Schritten und es kam einiges an Veränderung in mein Leben. Ich hatte das Gefühl, mich immer mehr zu kennen und zu leben. Ich war schließlich im Einklang. Alles war einfach positiv für mich. Ich glaube, ich strahlte es auch aus.

Es war vielleicht das beglückendste Erlebnis meines bisherigen Lebens, und auf jeden Fall etwas, das mich auch heute noch tief berührt, als sich an einem bestimmten Punkt meiner Spurensuche mein ganzes bisheriges Leben wie ein Mosaik zusammenfügte. Ich meine: nicht nur mein Leben *jetzt*, sondern mein Leben aus Vorzeit und Jetzt. Ich habe dadurch erfahren, daß alles tief verborgen in uns darauf wartet, entdeckt zu werden. Wir müssen nur an diese Schichten herankommen. Dann erkennen und verstehen wir alle Zusammenhänge zwischen unserem jetzigen und früheren Leben. Aber das ist mit dem Willen nicht zu schaffen, höchstens mit der Bereitschaft, mich auf mich einzulassen; offen zu werden. Vielleicht ist das Frauen eher möglich als Männern, weil wir feinsinniger sind. Wir Frauen haben eine Gabe zu Wahrnehmung und Weisheit, die unendlich tief zu den Wurzeln reicht, und die wir zum Wohle aller nutzen sollten.

Nur wenn ich immer mehr zu mir selbst komme, kann ich wirken. Und bin ich auf dem Weg zu mir selbst, zu meiner Leiblichkeit, zu meinem Leben, so bin ich auch auf dem Weg zu meiner Weiblichkeit. Ich finde meine Weiblichkeit schön, weil ich deren Bedeutung erkenne, weil ich meine wichtigen Aufgaben als Frau kenne, auch gesamtgesellschaftlich! Ich hoffe, meine Weiblichkeit immer mehr leben zu können und patriarchale Strukturen, allgemeine und in mir selbst, die ja oft noch unbewußt sind, aufzudecken und zu beseitigen.

Wie stark die Entdeckung meiner Leiblichkeit und meiner weiblichen Eigengesetzlichkeit mich gemacht haben, so daß ich nicht mehr so viel Fremdes und für mich Falsches mit mir machen ließ, zeigt die Geburt meiner Tochter. Durch mein neugewonnenes Körperbewußtsein, Selbstbewußtsein und Vertrauen auf mein natürliches Empfinden als Frau war ich nicht mehr bereit, mich der unbeteiligten klinischen Männerwelt zu beugen. Waren meine beiden ersten Kinder damals noch ohne jeden medizinischen Grund unter periduraler Anästhesie zur Welt gekommen, so setzte ich jetzt in der Klinik eine Mattengeburt durch. Mein Ehemann und mein verständnisvoller Arzt unterstützten mich sehr gut. Sie waren, so weit es möglich war, mit mir auf der Matte. Ich hatte vor der Geburt keine Vorstellung davon gehabt, wie es für mich am günstigsten sein würde, das Kind zu bekommen und wie ich am wenigsten Schmerzen haben würde. Ich wollte meinem Gefühl nachgehen. Ich probierte alle möglichen Positionen aus. Im Vierfüßlerstand fühlte ich mich am wohlsten, ich war aktiv, die Schmerzen wurden erträglich. So bekam ich meine Tochter. Der Arzt war begeistert und berichtete auch anderen Frauen von dieser "Pionierarbeit". Bereits nach zwei Tagen hat auch eine andere Frau auf diese Weise entbunden.

Ich habe so gelernt, daß ich an mich und an die Umwelt den Anspruch stellen muß, mich als Frau ernst zu nehmen. Ich kann dann als Frau mit meinem Fühlen und Wollen einen positiven Einfluß auf die Welt ausüben und dafür sorgen, daß es mir als Frau und uns als Frauen besser geht.

Anne M., 45, geschieden, Röntgenassistentin, später Geschäftsfrau, VHS-Dozentin, Weberin, 2 Kinder

Schon als Kind habe ich die "Erwachsenen" sehr kritisch beobachtet. Ich fand sie komisch und sonderbar, vor allem, weil sie meist das Gegenteil von dem taten, was sie sagten.

Von mir selbst hatte ich auch manchmal den Eindruck: irgendetwas stimmt nicht mit mir; es gab da etwas "Dunkles". Ferner glaubte ich, in die falsche Familie hineingeboren zu sein.

Ich habe viele Fragen (Lebensfragen) gehabt, die niemand beantworten konnte. Später bin ich dann verstummt, weil mein Hinterfragen vielen lästig wurde.

Ich habe geheiratet, 2 Kinder bekommen und ein ganz normales, abgestumpftes, geldgieriges, unbefriedigtes Leben geführt. Nach außen hin gut aufgebaut, doch innen: öde, leer, sinnentleert, z.T. hoffnungslos. Selbstmordgedanken, Migräne, Depressionen (besonders nach der Geburt meiner Kinder), Gewichtsprobleme. Somit war ich gut angepasst an die Gesellschaft und funktionierte nach außen hin ganz prima.

Irgendwann, am tiefsten Punkt angekommen, begann eine Suche: Yoga, autogenes Training, psychologische Schulung usw. Über Helgard habe ich zur Bioenergetik gefunden. In den kühnsten Träumen hätte ich nie daran gedacht, wo diese "Gymnastikgruppe" einmal hinführen würde.

Sieben Jahre bioenergetische Körperarbeit sind für mich persönlich die härtesten "Durchhalteübungen" gewesen. Ich bin bewegungsfaul was Sport und ähnliches angeht. Es ist ein Wunder, daß ich das geschafft habe; heute bin ich stolz darauf, nicht vorzeitig das Handtuch geworfen zu haben. Aber was mich durchhalten ließ, war eben dieses Wissen, das ich in all den Gruppen und Seminaren erhalten habe. Waren die Antworten, die ich auf all meine Fragen bekam. War die Bestätigung, daß das, was ich immer schon in mir geahnt und gefühlt habe, stimmte.

Sieben Jahre Körper-Geist-Seele-Schulung bedeuten heute für mich: nicht mehr depressiv zu sein, kritischer, bewußter sein, mehr erleben, nicht alles hinnehmen, sondern hinterfragen und auch Veränderungen schaffen (wo ich mich doch so gerne an alten Gewohnheiten festklammere). Sie bedeuten: mehr Lust statt Frust. Und sie bedeuten: selbstbestimmter handeln, meine Meinung vertreten, zu mir zu stehen, auch wenn alle anderen lachen. Jedoch meine Ansicht auch zu ändern, wenn ich erkenne: da stimmt doch was nicht.

Die Weihe ist für mich der *Gipfel* der tiefgehendsten Entscheidungen gewesen, eine Gratwanderung. Da sind für mich die Würfel gefallen: entweder ...oder.

So einiges an dieser ganzen Arbeit hatte ich nämlich in den letzten Jahren immer noch als Spielerei angesehen, einfach als ein Mitmachen in angenehmer Gesellschaft, in der ich mich wohlfühlte, aufgenommen unter Gleichgesinnten. Erst bei der Frauenweihe habe ich gespürt, wie tief ich mich *wirklich* fallen lassen muß, um die Kraft zu finden, mich selbständig aufzurichten, eigene Entscheidungen zu treffen, Verantwortung zu übernehmen, mich zu verpflichten. Will ich Frau sein? Will ich diesem Sein dienen? Die Frei-Willigkeit, das selbst zu bestimmen, ist mir bewußt geworden.

Ich habe mich entschieden, mich auf die Suche nach dem Göttlichen zu begeben. Mich meinem Schicksal zu stellen und nicht davonzulaufen, wie ich es bisher getan habe. Und mehr und mehr wird jetzt jeder Tag zum Sonntag, zum Feiertag, und ich wünsche mir, all das zurückgeben und weiterschenken zu können, was ich so reichhaltig geschenkt bekommen habe. Vor allem habe ich zu mir selbst Vertrauen bekommen. Ich sehe einen Weg vor mir, das gibt mir Festigkeit. Ich lasse mich nicht mehr so einfach hin- und herschleudern, ich weiß jetzt, was ich will. Das gibt mir Kraft und Hoffnung. Und auch Liebe. Das ist das Wichtigste. Denn ich spüre, ich bin gar nicht alleine, sondern All-Eine. Das ist es, was uns verbindet, und das ist es, was uns mit allem eint. Es ist einfach ein Wunder.
Es gibt nur eine einzige Wahrheit - das weiß ich heute.
Und hierin will ich mich weiter entwickeln. Ich will nicht mehr faul und dumm sein, ich will meine Ängste überwinden, ebenso Haß, Neid, Eifersucht, Gier usw. Und ich frage mich immer mehr: Was kann ich tun, um etwas zu bewirken? Zu verändern? Ist die Menschheit überhaupt einsichtig genug, sich nicht selbst zu zerstören, nicht den Ast abzusägen, auf dem wir alle sitzen? Dieser Planet Erde *darf* nicht zerstört werden. Er ist unser Lebensraum. Haben die Menschen keinen wirklichen Überlebenswillen? Gibt es keine anderen Werte mehr außer Geld und Macht? Wie lassen wir mit uns umgehen von Seiten der Politiker, der Manager, der Verwalter? - Was kann *ich* da verändern? Und: wie sieht es in zwanzig Jahren mit unserer Welt aus? Was macht dann die Politik? Was tun die Kirchen? Was wird mit der "dritten Welt"?

Der Mensch ist zur schlimmsten Kreatur auf diesem Planeten geworden, zum Zerstörer. Das will ich nicht mehr unterstützen. Da muß und will ich hinsehen. Und die Arbeit, da etwas zu verändern, muß bei mir selbst und vor *meiner* Haustüre beginnen.

Arno, 35, verheiratet, 1 Tochter, Architekt und Gartengestalter

Die Arbeit an mir selbst, im wesentlichen unterstützt durch Sibylle und die vielen wunderschönen Seminare, an denen ich teilgenommen habe, tut mir sehr wohl. Ich bin gewachsen, habe an Selbstvertrauen gewonnen und empfinde eine vorher nicht gekannte Lebendigkeit.

Daß dies auch die Entdeckung und Entfaltung meiner weiblichen Aspekte ist, habe ich durch die Logik der Argumente in entwicklungsgeschichtlicher, biologischer, energetischer und psychologischer Hinsicht begriffen. Ich habe es *theoretisch* verstanden.

Praktisch erfahre und entdecke ich meine Weiblichkeit an meinen Widerständen, patriarchalen Neurosen und nicht zuletzt an meinen Krankheiten, welche der Ausdruck meiner verletzten und gekränkten Psyche sind.

Ich gebe meinen weiblichen Aspekten immer noch zu wenig Raum, und bei dieser Erkenntnis empfinde ich Traurigkeit und Schmerz, doch zugleich auch die Verpflichtung mir selbst, meinem Kind und den anderen Menschen gegenüber, den Wandel zu vollziehen.

Warum sollten die anderen, und ich meine auch die Politiker mit ihren Machenschaften, meinen hohen Ansprüchen gerecht werden, wenn ich nicht selber bei mir anfange, diese zu erfüllen.

Es ist eine Wohltat zu wissen, daß sich überall auf der Welt kleine Gruppen von Menschen formieren, um der patriarchalen Dominanz die Stirn zu bieten. Es ist mein Glück, von solchen Menschen umgeben zu sein. Das gibt mir Kraft und macht mir Mut, den eingeschlagenen Weg fortzusetzen.

Die große Mutter, die Göttin, steht für den Wandel, für die Entfaltung meiner Weiblichkeit, wahrscheinlich *ist* sie es sogar. Sie ist Symbol für die unergründlichen Gesetzte der Natur und für den Strom des Lebens, der im tiefen Meer des Universums endet.

Unbewußt, krampfhaft versuchend, gegen diesen Strom zu schwimmen, oder bewußt, genießend und uns treiben lassend, münden wir dort alle.

Bärbel, 40, Mutter von zwei Töchtern, Groß- und Einzelhandels-
kauffrau

Zur Arbeit an mir selbst fand ich im Alter von 33 Jahren. Der Auslöser war
ein Herzinfarkt meines Vaters, welcher auch bei mir zu panikartigen Ängsten führte. Diese steigerten sich zu solchen Attacken, daß ich jedesmal
überzeugt war, diese Anfälle nicht zu überleben. Ich konnte bald nur noch
mit Beruhigungsmitteln leben, die mich jedoch wiederum völlig apathisch
werden ließen.
Meine Ängste überfielen mich überall. Oft mußte ich den vollen Einkaufs-
korb im Laden stehen lassen, weil ich keine Luft mehr bekam und das Empfinden hatte, ohnmächtig zu werden. Ein ruhiger Abend zu Hause war auch
nicht oder kaum mehr möglich. Sobald ich saß, begann ein Kribbeln in den
Beinen und stieg, sich zur Panik auswachsend, bis in den Kopf.
Dazu ließ ich es später gar nicht mehr kommen. Schon beim kleinsten An-
zeichen, daß mich die Todesangst wieder überfallen würde, griff ich zur
Tablette. Keinen Schritt ging ich mehr ohne meine Pillen. Hatte ich sie einmal vergessen, machte ich mich sofort auf den Heimweg, denn alleine die
Tatsache, daß ich wußte, ohne meine Beruhigungsmittel zu sein, versetzte
mich in Panik.
Ich war bald Dauergast in allen Arztpraxen. Der eine Arzt verschrieb mir
diese Mittel, der nächste andere, wieder einer empfahl mir, ich solle mir
keine unnötigen Sorgen machen, dann würden die Ängste schon von alleine
vergehen. Der Frauenarzt verschrieb mir starke Hormontabletten, die zwar
kurze Zeit halfen, mich aber gleichzeitig wie einen Hefekloß aufschwemm-
ten und in 8 Wochen 12 kg schwerer werden ließen. Es war ein Teufelskreis,
in den ich da geraten war, und aus dem es kein Entrinnen zu geben schien.

Als ich durch eine Freundin von der Arbeit der Gruppe hörte, hatte ich zuerst große Scheu und Angst vor "Sowas". Ich hatte bis dahin keinerlei Erfahrung mit Gruppenarbeit oder ähnlichem. Doch ich stand mittlerweile
unter solchem Druck und hatte im Grunde keine Wahl mehr. Entweder
wurde ich verrückt oder ich tat endlich etwas, um mir selbst zu helfen. Ich
meldete mich also an. So ziemlich der erste Satz lautete: Fast alle Krankheiten kommen aus der Seele. - Und zum ersten Mal in meinem Leben hatte
ich das kaum zu glaubende Gefühl, am richtigen Platz angekommen zu sein.

Schon nach ca. einem halben Jahr Körperarbeit - und zwar nur einmal pro Woche - war ich meine schlimmsten Ängste los und konnte wieder ohne Beruhigungsmittel leben. Seit vielen Jahren *lebte* ich wieder, ja fühlte mich wie neugeboren. Und das war ich wohl auch.

Immer mehr erkannte ich die Ursachen meiner Ängste und befreite mich davon. Mein Bewußtsein erweiterte sich zusehends, ich bekam Kontakt zu meinem Körper, konnte endlich etwas anderes als Panik in mir fühlen.

Sicher war dieser Weg nicht immer so einfach, wie es sich hier liest, aber es war ein Weg, und ich bin ganz sicher, es ist *mein* Weg.

Nach einigen Jahren nahm ich an der Frauenweihe teil. Hier ging eine fundamentale Veränderung in mir vor. Ich war zwar noch weit davon entfernt, eine wirkliche Ise zu sein - für diese Entwicklung werde ich wohl auch den Rest meines Lebens brauchen - aber ich empfand das Gefühl der Zusammengehörigkeit mit anderen Frauen und empfing ein tiefes Verstehen für Ängste und Nöte, die auch meine waren.

Nun gehe ich diesen Weg bereits seit sieben Jahren, und meine Erfahrungen würden wohl ein ganzes Buch füllen können. Ich hoffe aber, auch mit einem solchen kurzen Bericht vielleicht der einen oder anderen Frau Mut machen zu können, ihre Ängste anzugehen, zu ihrer weiblichen Stärke zurückzufinden und nach so vielen Jahren Männerherrschaft ihren eigenen, weiblichen Weg zu suchen.

Brigitte, 40, Erzieherin, z.Zt. tätig in einem Seniorenhaus als Freizeit-pädagogin. Seit 18 Jahren verheiratet, 17-jähriger Sohn

Mit 32 Jahren bekam ich schwere Rheumaschübe. Das war der Auslöser für mich, über mein Leben nachzudenken. Ich war immer unzufrieden gewesen. Das einzige, was mir Lust und Freude machte, waren gutes Essen und Alkohol. Das wurde nun Gift für mein Rheuma. Also habe ich zuerst meine Ernährung umgestellt auf Vollwertkost und weniger Alkohol. Nach einem Jahr ging es mir aber immer noch nicht besser. Ich habe Beruhigungsmittel für meine Nerven verschrieben bekommen und lange eingenommen, bis ich dachte, so kann es nicht weitergehen. Da muß doch etwas nicht in Ordnung sein. Meine Seele!
Also habe ich mir einen Therapeuten gesucht, Einzelstunden genommen, auch Gruppentherapie mitgemacht. 7 Monate durchgehalten. Dann abge-brochen, weil ich dachte, die Lösung gefunden zu haben. Um eine neue Auf-gabe zu haben, begann ich mit viel Freude eine Schwesternhelferinnenaus-bildung. Nach ihrer Beendigung fand ich jedoch keine Anstellung, und es ging mir nach einiger Zeit wieder dreckig. Ich fiel wieder in meine alten Depressionen, Selbstbewußsein gleich null. Ich begann eine neue Therapie, in der ich lernte, mir selbst Freude zu machen, *mich* wichtig zu nehmen, nicht nur Kind, Ehemann, Haushalt. Also betrieb ich einige Jahre intensiv Yoga und besuchte eine Vielzahl von Kursen (Meditation, malen, kochen etc.).
Dann hörte ich eines Tages von einer Freundin etwas von Bioenergetik. Dort wurden Übungen gemacht, wo man über den Körper auch an Bereiche der Seele herankommt. Ich war immer noch auf der Suche nach den Ursachen, die mir soviel Schmerzen bereiteten und dachte, daß es vielleicht ein guter Weg sei, mehr über mich herauszufinden, wenn ich es über den Körper er-spüre. Aber es dauerte noch einmal ein halbes Jahr, bis ich endlich mutig genug war, mit dieser Arbeit anzufangen.
Und dann wurde ich erst einmal im wahrsten Sinne des Wortes gerüttelt und geschüttelt, das Innere nach außen gestülpt. Ich habe Höhen und tiefste Tie-fen erlebt. Mein Wunsch, endlich inneren Frieden zu finden, war so groß, daß ich bereit war, mich bis in die verstecktesten Winkel zu öffnen. Es war mitunter sehr, sehr schwer und ich wollte auch zwischendurch oft aufgeben. Aber ich sah auch, daß ich trotz allem immer weiterkam.
Nach zwei Jahren dieser harten Arbeit entstand ein Bild in mir. Ich sah mich

als kleine Pflanze unter mehreren Schichten seelischer "Scheiße". Diese Schichten mußte ich abtragen, damit ich endlich wachsen konnte. So, wie es draußen in der Natur sehr schwer ist, mit dem Spaten eine Schicht verseuchter Erde nach der anderen abzutragen, so ging es mir bei meinen Schichten. Nach 4 Jahren war es soweit. Ich habe das Bild von der kleinen Pflanze gemalt und alle Schichten aus Gift darüber. Nach ein paar Wochen habe ich den oberen Teil des Bildes mit den verseuchten Schichten abgeschnitten, verbrannt und tief vergraben auf nimmer Wiedersehen.

Jetzt kann die kleine Pflanze endlich wachsen und gedeihen, denn aller Mist über ihr ist weg. Sie hat endlich Luft und Licht und es macht mir viel Freude zuzusehen, wie schnell sie jetzt wächst und immer stärker und kräftiger wird. Es wird wohl immer noch das eine oder andere Unkraut erscheinen, das ich ausrupfen und vernichten muß, damit die Pflanze in ihrem Wachstum nicht gestört wird. Aber den größten Mist habe ich beseitigt und somit schon ein Großteil meines inneren Friedens gefunden.

Heute bin ich sehr froh darüber, daß ich so mutig war, mit dieser Arbeit anzufangen. Wenn ich zurückblicke, kann ich nur sagen, es war das Beste, was ich bisher machen konnte.

Carmen, 35

Mit 18 Auszug aus dem Elternhaus sowie Austritt aus der Kirche. Nach Abschluß des Fachabiturs Ausbildung zur Bürogehilfin und Sekrektärin.
Heirat mit 26, Mutter mit 27.
Privatautorin von Kinder- und Fantasiegeschichten. Lebe seit ca. 2 Jahren mit meinem Sohn alleine.
Zeugnis:
Nach einem gescheiterten Ausstiegsversuch aus meiner Ehe wurde mir auf der Autofahrt von München zurück nach Leverkusen plötzlich klar: Ich brauche eine völlig neue Orientierung in meinem Leben. Die alten Maßstäbe platzten aus allen Nähten. Alles wurde mir zu eng, zu klein. Bemerkte immer deutlicher den Schwindel, dem ich zum Opfer fiel, und den ich, darin lebend, auch anderen zumutete. Selbstbetrug.
Ehefrau und Mutter zu sein befriedigte mich zunächst; jedoch entstand mit der Zeit eine Kluft in der Ehe durch Unaufmerksamkeit und Verdrängungsprozesse. Schließlich stand ich vor der erschreckenden Erkenntnis: Ich kann mich nicht mehr fühlen! Was helfen Liebesbekundungen, wenn ich sie nicht empfinden kann? Was ist mit meiner eigenen Liebe?
Ich hatte Hunger, war gierig nach neuen Impulsen, Ideen, Perspektiven, wollte alte Grenzen überschreiten. Ich litt unter der Abgeschnittenheit.

Erziehung, Gesellschaftsmaßstäbe und Kirche weckten seit meiner Jugend die Rebellion in mir. Immer etwas anders als der Durchschnitt. Und immer wieder an meine Grenzen stoßend. Geplagt von Schuldgefühlen, Ehe und Familie aufgelöst zu haben, war ich kaum noch fähig, meinen persönlichen Standpunkt zu vertreten. Wer bin ich? Welche Aufgabe habe ich in diesem Leben zu erfüllen? Fundamentale Arbeit an mir selbst, schmerzhafte Prozesse, weil es so weh tut, die eigenen Schatten zu erkennen, schien mir die wirksamste Möglichkeit, meinen persönlichen Weg des Wachstums neu zu gestalten, ohne mich dogmatischen Schemen zu verhaften.
Immer wieder Angst, die Augen vor der Realität zu öffnen. Wieviel halte ich aus? Ständig Angst, Fehler zu machen, unterzugehen. Schwierigkeiten, Fortschritte, Früchte meiner Arbeit zu erkennen, zu benennen. Ständiger Konflikt zwischen innen und außen. Staunend, wie raffiniert sich meine Prägungen tief verbergen, fliehend vor dem sie einholenden Lichtkegel, während ich mir beim "Striptease" zuschaue. Permanente Neugeburt von Bewußtsein

hin zu einem ganzheitlicheren Menschenbild und damit zum Selbst. Immer wieder Blockaden.

Hilfreich der Kontakt zu Frauen der Gruppe, die Ähnliches erleben. Bedauernswert, daß sich noch so wenige Männer für diese Dinge interessieren.

Gestern noch innerlich zerrissen vom Konflikt, mich als geweihte Frau öffentlich zu dokumentieren; heute beim Schreiben immer stärker werdend und durch den mich ergreifenden göttlichen Schauder wissend: dies ist eine Chance für mich, die letzten ödipalen Fesseln zu sprengen. Größere Furcht vor familiärer als vor öffentlicher Zensur. Farbe bekennen! Wenn ich nur ein Staubkorn im Universum bin - so doch wenigstens ein wirbelndes!

Wohin mein Weg mich führt, weiß ich nicht. Es kann ihn niemand anderes für mich gehen. Ich weiß nur, daß ich weitergehen möchte auf meinem Weg zu Liebe und Freiheit, und daß ich dankbar bin, zur rechten Zeit meinem Lehrer begegnet zu sein, der mich auf diesem Weg mit seinem Licht ein Stück begleitet.

Christoph, 26, Student

Wie geht es mir eigentlich mit der Entdeckung und Entfaltung meiner Weiblichkeit? Ich habe Stunden und Tage mit dem Versuch zugebracht, diese Frage zu beantworten. Und ich tue mich damit wahrlich schwer. Mit der Beschreibung und mit dem eigentlichen Phänomen. Ich habe analytische Strukturen zu Papier gebracht, die diesbezüglich eine Art Lebenslauf darstellten. Ich habe mich an Erlebnisse erinnert, in denen ich mit allem eins war, in denen ich einen Hauch des großen Göttlichen, will sagen: der großen Göttin, glaube gespürt zu haben. Ich habe gesucht und gewühlt, und dann habe ich schließlich resigniert innegehalten.

Irgend etwas gefiel und gefällt mir an diesen meinen Ergüssen nicht. Sie scheinen eher mein Noch-nicht-entfaltet-sein zum Ausdruck zu bringen. Doch das gefällt mir erst recht nicht! Weil es mir nun doch nicht so ganz gerecht wird. Es scheint mir eben dieses doch bereits entfaltete Quentchen meiner Weiblichkeit zu sein, das dieses Unbehagen, diese Sensibilität gegenüber einem unharmonischen Gefüge innerhalb meiner Ausführungen hervorruft, das bemerkt, daß ich mich hier in theoretische oder verstandesmäßige Erläuterungen ergehe - und verliere. Der Gegenstand meiner Erörterung scheint also doch, zu einem Stück, dazusein: Meine Weiblichkeit. Und der störende Faktor innerhalb dieses Gefüges ist auch im Text sehr deutlich auszumachen: Es ist das *Ich*. Also, das bin Ich. Nicht nur *mein* Ich, sondern: *Ich*. Diese meine Weiblichkeit hat es also offensichtlich noch sehr schwer bei mir. Sie wird ständig von einem besserwisserischen, sorgenvollen Kopf bevormundet. Ich kann dies nun zu rechtfertigen versuchen: es wird mir auch gar nichts anderes übrigbleiben, da ich ansonsten bereits am Ende meiner Ausführung wäre oder etwas anderes hätte schreiben können. In mir ist eine Prinzessin aufgetaucht, jung und schön, wissend und weise. Sie ist ein Teil von mir geworden, sie stellt ein neues Bewußtsein dar, das nicht mehr nur im Kopf angesiedelt, sondern etwas Ganzes ist. In mir reift eine schöne junge Frau, wissend und weise, gefühlvoll und stark. Sie wandelt die überbliebenen Strukturen einer anderen weiblichen Kraft um, die vordem ihren Platz einnahm und ganz andere weibliche Aspekte darstellte. Jene ist bewußt und lebensbezogen, also auch bestrebt zu wachsen und alles Leben zum Guten wachsen zu sehen und dies auch nach Kräften zu fördern, also auch mich als Ganzes, der ich ja nun einmal ein Mann bin. Diese war Seinsbezogen, sie wollte schlicht bloß existieren, sie führte ein (sich selbst? und auch mir) unbewußtes Dasein, das sie mit aller ihr zu Gebote stehenden Macht zu bewahren trachtete. Wachstum und Entwicklung waren ihr fremd. Diese Prinzessin ist wohl eine neue Form, eine neue Stufe meiner Weiblichkeit, und zwar eine bewußte. Doch sie hat es, wie schon gesagt, schwer.

Es muß wohl noch einige Umgestaltung in mir vonstatten gehen, bis dies anders sein wird. Mein Verstand, mein Kopf - Bewußtsein muß noch so manche positive Erfahrung machen, bis er dauerhaft auf die weibliche Stimme in mir hören wird, bis er seine verbissene Herrschaft aufgibt. Er meint es ja gar nicht schlecht, er ist halt bloß ein bißchen dumm. Und so, wie es sich bei mir selbst, also in mir, mit der Weiblichkeit verhält, so verhält es sich auch in meinem Umgang mit den Isen, den Frauen, die dabei sind, sich von der patriarchalen Dominierung zu befreien: Ich, also die Summe meiner Aspekte, habe vor diesen Isen Angst. Diese Angst ist mir meistens nicht bewußt oder äußert sich zumindest nicht direkt als solche, sondern ergeht sich meistens in Analyse und Abwertung. Und ebenso verhält es sich auch in Bezug zur großen Göttin. Nur, der Göttin sei Dank, ist dieses nicht meine ganze Wahrheit. Ansonsten könnte ich dies so auch gar nicht wahrnehmen und beschreiben. Meine Weiblichkeit ist entdeckt und entfaltet sich. Immer wieder bin ich von diesen starken Frauen tief beeindruckt. Wieviel schwerer noch als ich, ein Mann, müssen sie es wohl bei diesem Befreiungsschlag haben. So überkamen mich einige Male Tränen, angesichts dieser unsäglichen, grausamen Unterdrückung und Zerstörung, die sich nicht nur auf die Menschen beschränkt, sondern unsere gesamte Welt trifft. Und irgend etwas in mir weiß um dieses große Göttliche, um das große, unendliche Weibliche, dieses Großzügige, Gütige, Liebevolle, aus dem alles kommt und in das alles auch wieder eingeht. Ansonsten wäre ich nicht in diesem Kreis.

Doris, 29, Fachabitur für Sozialpädagogik, Arzthelferin und Krankenschwester, Tänzerin

Es war einmal eine Seele......
Ich war lange auf der Suche nach mir. Deshalb war ich vorübergehend nicht
anzutreffen. Das, was aussah wie ich, war nur die Verpackung (Verfasser
mir nicht bekannt). So lief ich mit mir durch diese Welt, diese Zeit: neuro-
tisch desorientiert, mit der Sehnsucht und dem Heißhunger nach Leben. Unwissend meines Daseins, unwissend meiner Begebenheiten, wohl jedoch
aufmerksam meiner Umwelt gegenüber. Immer mit den gleichen Ängsten,
Zweifeln, immer wieder mit derselben Unzufriedenheit.
Als "Kranke Schwester" verdiente ich meinen Lebensunterhalt in einem
"Kranken Haus". Unbemerkt schwanden mir die Kräfte, Kräfte, deren Tiefe
ich bis dahin nicht erkannte.
Zu dieser Zeit begegnete mir Heike, eine quirlige, lebenslustige, genußsüch-
tige Frau, die mich verblüffte mit ihrer Liebenswürdigkeit, Offenherzigkeit
und der Gabe, mich mit Ihrer Energie immer wieder aus meinem Sumpf zu
ziehen. Sie brachte mich auf den Weg, auf meinen Weg. Sie zeigte mir
tagtäglich mit einer Engelsgeduld auf, daß ich die Welt mit verblendeten
Augen sah. Oft weiß ich heute noch nicht, ob ich ihr dankbar dafür sein soll
oder nicht, denn die Arbeit an mir selbst ist nicht einfach, aber der einzige,
wahre Weg. So bin ich doch im Grunde meines Herzens zutiefst dankbar;
das war der Anfang, das Ende ist offen.
Die ersten Seminare, die ich besuchte, fand ich sehr witzig, interessant. Ein
wenig Bewegung schadete nicht. Und ich kam mir zum ersten Mal nah,
entdeckte Teile an mir, welche mir bis dahin unbekannt, welche ungelebt
waren. Selbst meine Widerstände, auf die ich stieß, konnte ich gut annehmen, bis zu dem Punkt, an dem ich den Ernst und die Tiefe dieser Arbeit
wirklich erkannte: Die Frauenweihe.
Frau sein war für mich immer ein Greuel, und nach der Weihe würde ich vor
einer so unendlich tiefen Aufgabe stehen, daß ich mich nicht so recht traute.
All meine Kraft steckte ich in Widerstände, in Ausflüchte, Ausreden, um
nicht an der Frauenweihe teilzunehmen. Meine unbewußte und doch
bewußte Freude wandelte sich täglich, stündlich in Ängste, Unsicherheiten,
gar puren Widerwillen. Dann war der Tag da und ich habe bis zur aller-
letzten Sekunde so getan, als wenn mich das alles gar nichts angeht, als
wenn ich überhaupt nichts damit zu tun hätte. Schön und gut, ich bin eine

Frau, aber was heißt das schon? Es gibt tausende von Frauen - und alle sind angesprochen! - Frau sein, meinem Wesen auf die Spur kommen, mein Wesen leben.

Und dann: Ich habe noch nie zuvor in meinem Leben solch eine Schönheit, Liebenswürdigkeit und Harmonie unter Frauen erlebt, wie in der Zeit der Frauenweihe. Jede einzelne Frau war eine Göttin, eine Königin für sich. Jede Frau auf ihre Art eine Klarheit, Reinheit, Freiheit, grenzenloses Sein in Liebe und Harmonie. Ich war mit Stolz und Ehre erfüllt, daß mir als Frau eine so große Wichtigkeit zuteil kam. Nicht nur, daß ich ernst genommen wurde, nein, gar daß "Frau" in den Himmel gehoben wurde, in den Himmel, um endlich das Dasein auf Erden zu begreifen! Mein Stolz ging so tief, daß ich Ehrfurcht vor der Schöpfung bekam; vor mir selbst. Die Ehre, die mir zuteil kam, stärkte mich. Ich spürte einen Willen, eine Kraft in mir, die mit nichts auf der Welt zu vergleichen war. Ich habe mich mächtig gefühlt, gespürt, daß ich Macht habe, fähig und gewillt bin zu handeln, mit meiner Macht Entscheidungen zu treffen, dazu zu stehen. Nicht eine Spur von Zweifeln oder das Gefühl, mich und meine Entscheidung anderen gegenüber rechtfertigen zu müssen.

Elena, 29, Musikstudium am Konservatorium von Jaen, Studium der
Sprache, Geographie und Geschichte an den Universitäten Granada
und Malaga, Übersetzerin

Trotzdem sich mein Verständnis der deutschen Sprache sehr entwickelt hat,
finde ich es schwierig, so viele tiefe Erlebnisse in Worte zu fassen.
Ich bin immer auf der Suche gewesen. Schon als ich geboren wurde, schien
ich nicht so zufrieden mit der Welt zu sein, wie normal. Ich litt immer unter
tiefer Sehnsucht nach Liebe, da ich spürte, nicht geliebt zu werden, nicht
verstanden zu werden, so, wie ich wirklich war: Hypersensibel und empfind-
lich.
Als ich zum Studium nach Malaga ging, fing ich auch an, an Selbsterfah-
rungsgruppen teilzunehmen. Später bin ich nach England "geflohen" und
1990 kam ich nach Deutschland. Bekannte haben mir von der Arbeit dieser
Gruppe erzählt und ich habe mich entschlossen, diesen Weg zu gehen.
Meine bis dahin eingeschränkte Vorstellung der Realität hat sich dadurch im
Laufe der Zeit so sehr erweitert, daß ich jetzt selber staune, wenn ich die
traurigen und deprimierten Schriften eines Tagebuches lese, das ich davor
schrieb. Ich habe tatsächlich Vieles und Tiefes gelernt. Ich habe gelernt, auf
dem Boden zu stehen (meine Füße sind so sehr gewachsen, daß ich jetzt
zwei Schuhgrößen mehr brauche). Ich habe gelernt, nicht draußen, sondern
in meiner Innenwelt zu suchen, zu schauen und tief zu verstehen. Das ist
etwas, das man nicht mit dem logischen Verständnis schaffen kann. Keine
Sache vom Kopf.
Ich habe auch gelernt, mich zu lieben, meine Vergangenheit anzunehmen
und positiv zu betrachten und mein Schicksal selber zu stricken. Ich habe
das Kind, das in mir noch lebt, in meine Arme genommen, es gepflegt, geliebt und ihm zugehört und es zum Wachstum gebracht. Ich respektiere mich
selbst und achte mich als unvergleichbaren, einzigartigen Menschen, der nur
eine Chance hat: sich als Elena, als die Frau, die ich bin, zu verwirklichen.

Ich habe gelernt, mich selbst zu erkennen, meine geprägten Anteile und
meine erste Natur, meine männlichen und weiblichen Seiten, die Gegenteile
in mir und alles ins Gleichgewicht zu bringen. Dafür mußte ich durch die
Hölle gehen, gegen Dämonen kämpfen, Schlachten bestehen.
Ich habe die Kraft geschöpft, meine Expedition alleine weiter zu führen, eine
positive Kraft, womit ich bereit bin, das Böse in Gutes umzuwandeln.

Ich weiß, daß ich immer neue Hindernisse und Ängste überwinden müssen werde, aber ich habe schon verstanden, worum es geht, und ich weiß, daß die Überwindung aller dieser Hindernisse eine Chance ist, die mich zur Weisheit führt. Ich weiß jetzt auch, wie unendlich schön es ist, Frau zu sein. Ich kenne meinen Körper und achte auf Gefühle und Wahrnehmungen, und dabei habe ich mich immer mehr als Teil eines Ganzen gefühlt, als Tochter und Priesterin der großen Mutter Erde. Ich habe meine Göttlichkeit zum Leben gebracht.

Ich weiß aber, daß es nicht alles geschafft ist. Ich träume nicht von der Erleuchtung. Erwartungen habe ich nicht. Was will ich mehr? Ich *lebe,* ich höre meine innere Stimme: die Urstimme.

Und ich bin stolz, Frau zu sein!

Was kann ich mehr sagen? Das alles, was ich erlebt habe: meine Einweihung, die Entdeckung der Magie, das Spüren meiner Mächte...... ist unendlich schön und positiv.

Die große Tür hat sich für mich aufgemacht. Heute bin ich Ise... was ich schon immer war und ewig sein werde. Danke.

Elfi, 44, verheiratet, 2 Kinder, Sekretärin, seit 1983 Hausfrau,
z.Zt. in Ausbildung zur Heilpraktikerin

Mit 37 Jahren wurde mir zum ersten Mal bewußt, daß ich für meine Leiden
und Krankheiten selbst verantwortlich bin. Ich habe festgestellt, daß ich sehr
lebensverneinend war, was auch mein Pollenasthma erklärte. Ich steckte
voller Schuldgefühle und ließ mir schnell ein schlechtes Gewissen einreden.
Zu diesem Zeitpunkt fing ich mit der Bioenergetik an.
Mein Weg bis zur Frauenweihe im Frühjahr 1992 war harte Arbeit. Ich
wurde mit meinen Ängsten, meinem Mißtrauen, meinen Zweifeln, meinem
Haß und meinen Selbstablehnungen konfrontiert. Alles, was mein bisheriges
Leben war, wurde in Frage gestellt. Ich mußte immer mehr feststellen, daß
ich gar kein eigenes Leben hatte, sondern ein total fremdbestimmtes. Ich war
gefangen in meinen Lebenskreisen und kam gar nicht auf die Idee, daß ich
mein Leben selbst gestalten konnte und mußte, und daß ich die Verantwortung dafür habe. Ich hatte Angst, aus meinen Anpassungen herauszugehen.
Meine Furcht, daß meine Familie und meine Freunde mich nicht mehr ak-
zeptierten, daß ich plötzlich alleine wäre, daß alles, was mir bis dahin wichtig war, irgendwann nicht mehr existierte, war meine größte Hemmschwelle.

Ich habe lange nicht begriffen, daß meine ganzen Probleme, auch die
gesundheitlichen, daraus resultierten, daß ich überwiegend aus Ängsten bestand. Ich hatte als Kind eine starke religiöse Neigung, aber genau dieses
Thema wurde zunehmend belastend für mich. Ich war durch meinen strenggläubigen Vater (Zeuge Jehovas) mit einem sehr strengen und strafenden
Gottesbild konfrontiert, mit Gefühlen einer ständigen Beobachtung durch
Gott und einer mit meinem Heranwachsen immer stärker werdenden Angst
vor dieser mich überwachenden Richterinstanz.
Schließlich habe ich mich von jeglichem Glauben abgeschnitten. Alles, was
mir selbst auch späterhin an unerklärlichen Dingen passierte (deja-vue-Er-
lebnisse etc.) habe ich abgeblockt oder versucht, es streng rational-natur-
wissenschaftlich einzuordnen. Was nicht erklärbar und beweisbar war, war
für mich unreal.
Irgendwie war ich dennoch immer auf der Suche nach etwas dahinter. Jedoch mußte ich erst viele Ängste und viele Neins abbauen, bis ich zu
meinem jetzt wieder hergestellten Kontakt mit dem Göttlichen zurückfand.
Ähnliche Probleme wie mit dem Religiösen hatte ich auch mit meinem Frau-

Sein. Mit zunehmender Stärkung meiner Persönlichkeit gelang es mir immer mehr, mich auch hier anzunehmen und meine Wesenseigenheiten als Frau gleichberechtigt neben dem Mann zu leben. Dieser Anschluß an meine Weiblichkeit war es aber gerade, der mir schließlich auch den Wiederanschluß ans Religiöse brachte, bzw. bedingte beides einander. Noch steht mir ein lebenslanger großer Lernprozeß bevor.

Erika, 40, verheiratet, 2 Söhne, Gemeindekrankenschwester

Mein Lebensfaden,
gestrickt nach vorgegebenen Mustern.
Es zieht und zerrt an mir: Das Muster löst sich auf an manchen Stellen.

Leere

Ich stopfe wieder zu.
Es hält eine Weile.
Doch wieder zieht und zerrt es. Das alte Muster stimmt nicht mehr.
Auflösen, loslassen, aufmachen, meinen Lebensfaden selbst in die Hand
nehmen. Der Faden hat so kurze Stücke, er vertuckt sich.
Wo komme ich zu kurz? Wo verstecke ich mich?
Mich aufmachen. Alles lassen. Den Faden neu spinnen, mich zaghaft für
mich entscheiden, nach neuen Mustern suchen.
Noch verstricke ich mich in alte Muster, bin blind für mein eigenes Muster.
Mich aufmachen, empfänglich sein
für meine Gefühle
für meine Muster
für meine Weiblichkeit.

Gitte, 42, verheiratet, 1 Tochter, Dipl. päd., Heilpraktikerin und Psychotherapeutin

Ich habe mich mein Leben lang für alles interessiert, was im Zusammenhang mit menschlicher Entwicklung, Religion, Krankheit und Heilen steht. Immer schon wurde ich innerlich angetrieben zu verstehen, zu erkennen, wie alles miteinander zusammenhängt und was ich dafür tun kann, die verschiedenen Welten miteinander in Verbindung zu bringen, bzw. die verborgene Welt zur Entfaltung zu bringen. Eine tiefe Sehnsucht nach Liebe, Leben und Wahrheit ließ mich, verstärkt durch das Leiden an meinen eigenen Blockaden und Verspannungen, unermüdlich suchen. Wann immer ich Zeit hatte, las ich wie besessen alles, was mir im Rahmen meiner Fragen zufiel. Nach meiner "Politik-, Pädagogik- und Feminismuszeit" zogen mich verschiedene Therapierichtungen an. - Rogers, Reich, Jung und ihre Nachfolger haben mir besonders viel bedeutet. Dann las ich mich quer durch die östliche und westliche esoterische Literatur. Dort fand ich zum Teil eine neue Wirklichkeit, die auch bei mir ein ganz neues Erleben weckte. Schließlich suchte ich nach einem umfassenden energetisch orientierten Menschen- und Weltbild, in dem alle meine Erfahrungen Platz hatten, sowie nach einer Religion, die, jenseits von Dogmatismus, dem Leben dient und den Bezug zum Transzendenten, Göttlichen, Numinosen im Einklang mit den Gesetzen von Natur, Leben und Frau-Sein möglich macht.

Ich sehnte mich nach Geborgenheit in einem größeren Ganzen, begann immer mehr, nach innen zu lauschen und diesen Grund in mir zu entdecken. Dabei las und arbeitete ich aber wohl immer noch mehr, als daß ich wirklich lebte. Ich fühlte mich zwar zunehmend in der Natur geborgen, aber oft einsam unter den Menschen.

Auf allen Ebenen beschäftigte mich immer besonders die Beziehung zwischen Männlichem und Weiblichem; es war mir ein tiefes Bedürfnis, herauszufinden, was das Weibliche jenseits patriarchal geprägter Definition sein kann. Dem wollte ich in mir und in der Welt mehr zur Wirkung verhelfen. Ich verschlang alles, was ich über die Große Göttin, Göttinnen und weibliche Archetypen fand. Über Jahre beschäftigte ich mich mit Symbolen, Traumdeutung, Tarot, Visualisierung und versuchte, darüber Kontakt zu persönlichem und arechtypischem Unbewußtem herzustellen. Auch lernte ich viel über Energien kennen und spüren.

In meinem Leben nahm ich immer häufiger an entscheidenden Stellen bedeutungsvolle Zusammenhänge wahr. Ich lernte so etwas wie eine sinnvolle Fügung kennen und fühlte mich besonders stimmig, wenn ich es wagte, dem zu folgen. Oft staunte ich, weil sich im Nachhinein sichtbar ein roter Faden für meine Entwicklung und mein Leben ergab. Ich gab immer mehr meinen körperlich gefühlten Ahnungen und Stimmungen nach, fühlte mich zunehmend außerhalb meines Kopfes, nämlich in der Natur und in meinem Körper geborgen, lernte mich mehr kennen. Doch obwohl ich mich hinsichtlich vieler Dinge weitgehend geistig umgezogen habe, blieb das Gefühl, vieles in mir angehäuft zu haben, was zum Teil unverbunden nebeneinander lag und mich nicht zur Ruhe kommen ließ.

In dieser Situation war mein Eintritt in die Arbeit der Gruppe eine Erlösung für mich. Eine Erlösung von der ewigen Suche nach der Wahrheit *außen*, in Büchern; eine Erlösung aus dem Kreislauf von geistigem Suchen, Faszination, Zweifel, Enttäuschung und erneutem Suchen. Irgendwie bekam ich ein Gefühl von "Angekommensein". Ich stellte fest, daß vieles Alte einfach von mir abfiel, nicht mehr wichtig war, und daß es zunehmend mehr um das schon immer innerlich gespürte Wesentliche geht. Es kam mir so vor, als würde alles, was ich mir voher angeeignet habe, "in Ordnung gebracht", auf den rechten Platz gerückt, irgendwie neu gewertet und gewichtet. Jetzt erfolgt eine neue Ausrichtung, zu der ich aus tiefstem Herzen ja sagen kann. Es ist irgendwie ein körperlich gefühltes Einverständnis. Das erfüllt mich mit Freude und Dankbarkeit. Vieles, was ich schon immer tat, mochte oder noch tun möchte, erscheint mir nun wie ein Hinleben auf alles das, was jetzt einen neuen Namen hat: Ise sein.

In meinem Leben erkenne ich im Nachhinein alles als sinnvoll, irgendwie notwendig, um mich zum Jetzt und zu dieser Arbeit zu bringen! Alles, was mich seit Jahren fasziniert, wovon ich nie abgelassen habe, wächst hier zusammen, erhält neuen Sinn. Außerdem erlebe ich so etwas wie einen Abschied von vorgefertigtem Wissen, hin zu meiner eigenen Kreativität und hin zu einem Leben, das mir und meinen tiefsten Wünschen mehr und mehr entspricht. In der letzten Zeit haben sich über Jahre schwelende Probleme gelöst, so daß ich mehr Energie zur Verfügung habe, das zu verwirklichen, zu dem ich mich berufen fühle, bzw. erst einmal genauer zu spüren, was es ist, was mich wirklich begeistert und erfüllt, was ich verwirklichen kann! Es gibt nun neue Räume, die ich gestalten kann (innen und außen!) und es gibt ein Gespür von einer großen Kraft in und außerhalb von mir, die sich durch mich ausdrücken will und der ich dienen darf.

Heike, 37, geschieden, 1.u.2. Staatsexamen für Sport und Kunst,
VHS-Dozentin, Malerin

Als einzige Tochter wohlbehütet aufgewachsen, wurde ich in meinem damaligen Leben mit Umständen, die ich als widrig empfunden hätte, nicht konfrontiert. Meine Eltern gaben mir alles, was sie mir geben konnten, und ich
vermißte bewußt nichts. Ich durchlief den üblichen Schulweg, absolvierte
das Abitur, anschließend das Studium, heiratete nach dem Abschlußexamen
meinen Jugendfreund und trennte mich erstmals räumlich vom Elternhaus.

Obgleich ich mich nicht als unkritischen Menschen einstufte, schien mein
Leben bis dahin in Ordnung zu sein.
Mein erstes Selbsterfahrungsseminar besuchte ich "zufällig". Ich wußte weder genau, was mich erwartete, noch, was ich erwarten sollte, aber ich
wußte, daß ich daran teilnehmen wollte. Von Selbsterfahrung hatte ich bis
dahin wenig gehört, geschweige denn eine Vorstellung davon. Es war für
mich lediglich ein Begriff.
Eigentlich glaubte ich, so etwas nicht nötig zu haben, ich war ja ein zufrie-
dener Mensch. Ich hatte keine Not und konnte andere, die in ihrem Leben
einfach so und meiner Ansicht nach ohne ersichtlichen Grund unglücklich
waren, nicht verstehen.
Voll Skepsis und einem gehörigen Maß versteckter Angst, die ich mir aber
erst viel später eingestand, folgte ich intuitiv meiner Neugier. Durch dieses
Wochenende wurde meine Schwerfälligkeit durchbrochen, meine Scheinord-
nung wurde durcheinander gebracht. Ich merkte, daß irgendetwas in meinem
Dasein nicht stimmig war, konnte aber damals noch nicht feststellen, was.

Ab diesem Zeitpunkt begannen sich in mir und um mich herum Wandlungen
zu vollziehen, und zwar oft schneller, als ich es beabsichtigte.
Jetzt weiß ich, daß ich bis zum dreißigsten Lebensjahr lediglich funktionierte. Das sogenannte Leben lebte *mich*. Im Laufe der Arbeit an mir wurde
mir zunehmend klar, wie unbewußt und gefühlsfern ich bis dahin gelebt
habe. Mit "unbewußt" meine ich das unreflektierte Umgehen mit Ereignis-
sen, Menschen und vor allem mit mir selbst inmitten diesem "meinem"
Leben.
Hatte ich durch die Trennung von meinem Mann bereits eine erste neue und
bewußte Weichenstellung in meinem Leben vorgenommen, so wurde vor al-

134

lem durch die schwere Erkrankung meines Vaters mein Selbstbild, das bis dahin noch recht festgefügt war, massiv erschüttert. Der Tod, der plötzlich in meinem Leben gegenwärtig wurde, konfrontierte mich unumgänglich mit mir selbst. Fragen, was der Mensch ist, der Sinn des Lebens, Gott und die Welt, was mit mir geschieht, ich mit mir geschehen lasse usw., ließen sämtliche in mir schlummernden und bis dahin nicht wahrgenommenen Ängste aufsteigen. Ich entschloß mich jedoch, mich ganz auf diese Fragen einzulassen und fing an, radikal und noch intensiver als vorher an mir zu arbeiten. Wenn ich denn schon bereit gewesen war, 30 Jahre lang mit mir selbst als jemand herumzulaufen, den ich gar nicht kannte, so wollte ich mich jetzt genauestens kennenlernen.

Heute bin ich mir tatsächlich näher gekommen. Das Thema Frau ist *mein* Thema, weil ich Frau bin. Und so allmählich entdecke ich auch meinen Wert. Ich befinde mich jetzt auf einer Reise, auf der ich mich den Anforderungen an mein Frausein bewußt stellen kann, und auf welcher ich den Weg, den ich nehme, wie jede Frau, selbst bestimmen kann.

Das Leben ist für mich Entwicklung, Blühen und Absterben in jedem Moment. Ich bin ein Teil dieser Gesellschaft, dieser Erde, dieser Welt und des Universums und habe meine Aufgaben, die ich leben und beleben möchte, und von denen ich manche im tiefsten Kern auch noch finden bzw. annehmen muß. Ich möchte dieses tiefe Wissen, das in jedem Menschen ist, vor allem in uns Frauen, und das gerade bei uns Frauen so sehr zugeschüttet ist, weiter entdecken und weitervermitteln. Ich bin dankbar für jeden Moment, in welchem ich dazu meinen Anteil beitragen darf.

Helgard, 46, verheiratet, 2 Kinder, med. Fußpflegerin,
VHS-Dozentin, Reflexzonentherapeutin

Der Entschluß, mich nach Jahrzehnten des Hausfrau- und Mutterseins auf
den Weg zu machen und Fußpflegerin zu werden, hat mich selbst und mein
Leben radikal verändert. Ich stellte mich im wahrsten Sinn des Wortes auf
eigene Füße, lernte zu mir zu stehen, und Schritt für Schritt meinem tieferen
Wesen und meinen inneren Stimmen und Bildern nachzuspüren. Spurensuche zuerst, dann häufig wieder aus den Augen verlorene Fährte, gangba-
rer Pfad endlich und schließlich, nach jahrelanger Arbeit, glücklich ge- und
empfundener Weg.
Ich habe dabei gelernt, mich vom Grunde her und von Grund auf zu fühlen,
mich anzunehmen, in mich hineinzuhorchen und auf das zu hören, was da
klingt. Und so habe ich Kontakt gefunden zu mir, zum Weiblichen und zum
Göttlichen.
Zweierlei ist für mich zu diesem Weg noch bemerkenswert: Dem weiblichen
Geschlecht anzugehören, bedeutete für mich stets Minderwertigkeit. Um
mich nicht mit diesem Thema auseinandersetzen zu müssen, habe ich mein
Geschlecht verleugnet. Ich habe versucht, mich zum Neutrum zu machen,
indem ich mir einen Tarnpanzer aus Fettzellen zulegte. Dadurch habe ich
mich jahrelang um das Wertvollste beraubt. Heute weiß ich, daß für mich
als Frau Leiblichkeit und Weiblichkeit eins sind: die Innen- und Außenwand
ein und desselben Gefäßes, aus dem ich schöpfen kann, oder ein Instrument,
aus dem heraus und durch welches ich mich zum klingen bringe.
Ein wichtiger Schritt für mich war es auch, aus der Kirche auszutreten. Bereits wochenlang vorher hatte ich schreckliche Angst bei dem Gedanken,
dieses Tabu zu durchbrechen. Doch ich habe es gewagt. Und bereits eine
Stunde, nachdem ich das Amtsgericht verlassen hatte, fühlte ich mich von
einer 2000-jährigen Last befreit. Mir war, als wäre ein zentnerschweres Ge-
päck von mir genommen. Jetzt endlich konnte ich auf *meinem* Weg das
Göttliche entdecken. Ohne Schuldgefühle. Ohne Ängste. Dieser männliche
Gott war immer so weit weg gewesen, so unnahbar, so ohne irgendeinen
Bezug zu mir. Jetzt fühle ich mich dem Göttlichen viel näher. Weil ich es
innerhalb von mir selbst spüre und auch außerhalb. Weil ich in es eingebettet bin. Weil ich es endlich auch mit mir und mich mit ihm identifizieren
kann.

Ilse, 52, 1 Sohn, Floristin, danach Altenpflegerin sowie Sexual- und Beziehungsberaterin für Frauen

Ich wurde angepaßt erzogen als sehr gut katholische, behütete Tochter einer angesehenen Familie. Ich hatte nicht das Bedürfnis, etwas anderes zu wollen als meine Eltern. Meine innere Kraft erlebten ich und andere nur als Widerstand. Ich fühlte mich nichts wert und schuldig. Mit 20 wurde ich schwanger und erhielt eine Wohnung im Hause meiner Eltern. Schon bevor ich heiratete, wußte ich, daß es nicht gutgehen würde. Ich war aber nicht in der Lage, anders zu handeln. Ich ließ alles mit mir geschehen, war immer nur Anhängsel. Ich ließ mich unterdrücken, mich dauernd erniedrigen. Ich verachtete zwar mein Verhalten, war aber unfähig, etwas zu ändern. Erst mit 39 Jahren, als mein Sohn aus dem Haus gegangen war, nabelte ich mich äußerlich von meinen Eltern ab und zog alleine nach Norddeutschland. Meine Unfähigkeit, mich anderen gegenüber durchzusetzen, mein Unglücklichsein, Unfälle, Trennungen jeder Art in meinem Leben, ließen mich mit 40 Jahren erkennen, daß ich da nicht alleine rauskommen konnte. Ich machte eine gute Therapie, so daß ich mein Leben meistern konnte. Ich wurde sicher. Meine ganze Energie steckte ich jetzt darein, mir und anderen zu beweisen, was ich konnte. Ich erlernte noch einen Beruf, Altenpflegerin. Weitere Schwierigkeiten hielt ich mit ungeheurem Durchhaltevermögen aus.
Schließlich kam ich zur Bioenergetik. Durch diese Arbeit wurde mir bewußt: mein Geist, meine Seele, mein Körper sind ein Ganzes und das bin *ich*. Mit dieser bewußten Art zu arbeiten, lösten sich viele versteckte und verdrängte Gefühle. Als erstes Angst. Da ich lernte, daß ich selbst meine Angst, meine Schmerzen *bin*, kann ich erkennen, was ich da lösen kann. Dieses zu tun, die Schranken zu überwinden, ist eine stetige Arbeit.
Ich erkannte immer mehr ganz bewußt. Ich erlebte viele innere und äußere Wendepunkte. Jeder führte mich ein Stück mir selbst und auch der Göttlichkeit näher.
Ganz stark ist dies nun so seit meiner Weihe. Ich weiß, ich bin die Tochter der Großen Mutter, ihre Dienerin. Durch mich lebt sie, wenn ich mein Leben nicht mehr unterdrücke. Ich versuche, mehr und mehr im Namen der Göttin zu handeln. Früher belasteten mich Dinge, die es heute nicht mehr tun. Jetzt geht mir anderes nahe. Gesellschaftliche Spiele nicht mehr mitzumachen, ist sehr unbequem, ich bin mir jedoch meines Wertes bewußt. Mit meiner Zeit etwas anzufangen, bedeutet heute für mich, daß ich immer mehr

das tue, was für mich wesentlich ist. Auch Beziehungen verändern sich. Ich erlebe manchmal Angst, wenn ich merke, wie ich zwischen dem Altbekannten und dem Neuen stehe. Aber ich fühle den Wert, den ich anderen Menschen vermitteln kann.

Immer war ich eine Naturfreundin. Aber erst heute erlebe ich eine Verbundenheit mit all ihren Kräften und Mächten. Ich versuche, jede Art von Fremdbestimmung zu durchschauen, meine Eigengesetzlichkeit zu leben: ich selbst zu sein, Ise und Frau. Ich bin heute nicht mehr getrennt von meinem persönlichen Wert, von meinem Wert als Frau. Seit meiner 2. Scheidung, vor ca. 15 Jahren, habe ich Männer gemieden. Heute muß ich mich nicht mehr unterdrücken lassen. Meine Einstellung hat sich verändert: ich erkenne patriarchales Verhalten und bin ihm nicht mehr ausgeliefert. So konnte in mir wieder der Wunsch wachsen, einen neuen Zugang zum Männlichen zu finden, indem ich den Mann in seinem Eigenwert und als Mensch schätze. Den Umgang mit der Geschlechtlichkeit sehe ich als die Wurzel vieler Probleme. Die Verstrickungen der Eltern-Kindbeziehung, bei mir und meinen Eltern, bei meinem Sohn und mir, bei meinem Sohn und seinem Vater machen mir die Zusammenhänge bewußt. Es zeigt mir auch die Verbundenheit mit dem Göttlichen, das nach Heilwerden sucht. Immer mehr habe ich Vertrauen und fühle mich demütig und geborgen. Ich empfinde Liebe und ein Gefühl der Tiefe. Ich habe ein großes Stück gelernt, loszulassen: meine Eltern, meinen Sohn, äußerlichen Schein, Sicherheit. Ich habe das Ziel, immer weiter ganz zu werden, meine wahren Bedürfnisse zu erkennen, zu leben. Ganz besonders möchte ich meine weibliche Seite leben, dabei aber auch meine männlichen Anteile nicht unterdrücken. Vor allem aber will ich andere nicht mehr für mich das tun lassen, wozu ich selbst die Kräfte habe. Ich bin eine freie Frau. Ich lebe jetzt mein eigenes Leben.

Issi, 50, 1 Sohn, 1 Tochter, gelernte Erzieherin, seit 12 Jahren
Geschäftsfrau mit eigenem Kunsthandwerksgeschäft, Malerin

Mein Leben verlief recht turbulent. Mit 16 Jahren habe ich das Elternhaus
verlassen und danach vielerorts in Deutschland, im Libanon, in Finnland
und England gelebt und als Erzieherin gearbeitet. Meine Ehe (mit einem
Libanesen) war von Beginn an kompliziert und für beide Seiten unbefrie-
digend. Mein Mann fühlte sich entwurzelt, war rastlos und in seinem Beruf
nicht ausdauernd. Ich begriff damals nicht, daß er bereits auf der Suche
nach seinem Weg war. So erlebten wir zahlreiche Wohnwechsel, Neube-
ginne und finanzielle Notzeiten. Ich bewies stärkere Kämpfernatur und über-
nahm bald das Ruder; wurde die Mutter meines Mannes. Immer häufiger
hörte ich von meinem Mann und anderen, ich sei doch keine "richtige" Frau.
Das tat weh. Als sich mein Mann einer anderen Frau zuwandte, erlebte ich
eine psychische Katastrophe. Wie ein Kartenhaus brach meine so mühsam
aufgebaute Welt und das wenige Selbstwertgefühl zusammen. In einer psy-
chosomatischen Klinik wurde ich zum ersten Mal mit mir selbst konfrontiert. *Ich wachte auf!* Eine wundersame Wandlung vollzog sich in mir. Ich
empfand nach einiger Zeit sogar Dankbarkeit für den Zusammenbruch. Es
wurde mir klar: es gibt Wesentlicheres als das, was ich bisher mit Hektik
verfolgte. Plötzlich begegnete ich Menschen, die wie ich auf der Suche nach
sich selbst und einem sinnvolleren Dasein waren. Ich trennte mich von
meinem Mann, fand neue Freunde, begann mit Yoga, besuchte Selbsterfah-
rungsseminare, las viele Bücher.
An den Weihnachtstagen 1990 verschlang ich wie eine Verhungernde Rolfs
Bioenergetikbuch und wußte: das ist es! In einer kleinen Gruppe arbeiteten
wir nach diesem Buch mit Körperübungen und Gesprächen. Die Übungen
zeigten mir schmerzlich meine Blockierungen. Es folgten die Seminare mit
Rolf, Anne und neuen Weggefährten. Ich fühlte mich aufgefangen, geborgen
und ernstgenommen.
Mein Leben veränderte sich, ich veränderte mich. Meine Kinder waren zunächst erleichtert, daß ich wieder fröhlicher, voller Energie, ausgeglichener
und gut mit mir allein sein konnte. Aber sie reagierten auch mißtrauisch und
ablehnend gegen die Gruppe. Sie versuchten, zwischen mir und dem, was
ich lebte, zu trennen. Sie befürchteten, ich sei Mitglied einer Sekte geworden. Inzwischen tolerieren sie nicht nur meinen Weg, sondern sind auch neu-

gierig geworden. Dank neuer Einsichten während der Seminararbeiten habe ich ein besseres und freieres Verhältnis zu meinen Kindern gewonnen. Auch für meine Eltern habe ich ein anderes Verständnis gefunden und innerlich mit ihnen Frieden geschlossen. Sie empfinden mein neues, verändertes Lebensgefühl als persönliche Bereicherung. Wir beginnen wieder, einander näher zu kommen.

In meinem Alltag haben sich Wichtigkeiten verschoben. Lebte ich schon vorher nicht "angepaßt", so versuche ich jetzt noch konsequenter, meinem eigenen Muster zu folgen. Es gehört zu meinem Tag, mindestens eine Stunde allein zu sein, in aller Ruhe: in meinem Zimmer, auf meinem Wiesenhügel, auf meinem Alleeweg. Ich habe Plätze gefunden, wo ich loslasse, auftanke, mit mir und den Bäumen spreche. Dann fühle ich mich eins mit Gott. Früher hätte ich diese Stunden als vertane Zeit angesehen. Aber ich bin auch durchlässiger oder empfänglicher geworden für das, was um mich herum geschieht, und ich merke, daß ich lernen muß, mich gegen Störendes besser abzugrenzen.

So wuchs ich zur Weihe hin, die für mich den Höhepunkt meiner bisherigen Erfahrungen bedeutet. Zum ersten Mal (mit 49 Jahren!) habe ich mich wirklich als Frau gefühlt, eine tiefe Verbundenheit zu den anderen Frauen gespürt. Ich habe die Zeremonien, die Lieben, die Achtung und Ehrlichkeit miteinander und nicht zuletzt die uns alle verbindende Weihe als etwas Heiliges empfunden.

Meine Verantwortung, die sich damit verknüpft, nehme ich ernst. Seitdem stellt sich mir nicht mehr die Frage, *ob* ich diesen Weg weitergehe, sondern *wie* ich ihn wirklich gehe.

Ich lebe zwar bewußter als früher, akzeptiere mein Dasein so wie es ist, stehe zu mir, aber es mangelt noch an der eigenen Disziplin. Ich mißachte noch immer meine eigenen Bedürfnisse und betrüge mich damit um einige Lebensfreude.

Aber ich bin wieder Frau geworden - eine Ise.

Dies ist der Anfang.

Kerstin, 18, Gymnasiastin

Meine Mutter arbeitet schon lange Jahre in der Gruppe. Zuerst waren mir ihre Veränderungen sehr fremd, doch seit ich mit zu einem Seminar nach Frankreich fahren durfte, begann auch ich mich für diese Sache zu interessieren. Leider mußte ich noch einige Jahre warten, bis ich selbst mitarbeiten durfte. Ich habe aber in der Zwischenzeit von meiner Mutter, die immer mehr auch zu meiner Freundin wurde, schon vieles gelernt. Ich habe viele ihrer Bücher gelesen und konnte schließlich ab 1990 selbst in der Gruppe mitarbeiten.

Meine Weihe war der wichtigste Schritt meines bisherigen Lebens. Ich habe mich dadurch endgültig von engstirnigen Verhaltensweisen, die mir unsere Konsumgesellschaft aufgeprägt hatte, und durch die meine Entfaltung auf geschickte Weise unterdrückt wurde, losgelöst. Vorher fühlte ich mich nicht als vollwertiger Mensch anerkannt bzw. mit meinen Gefühlen und meinem Lebensgefühl verhöhnt, wenn ich manches nicht mitmachen wollte, das gerade angesagt war. Auch fühlte ich mich, z.B. in der Schule, häufig wie ein Blatt Papier, das in eine exakt genormte und schon viele Male benutzte Schablone gegen die eigene Natürlichkeit hineingepreßt wird. So, als ob mein Leben nur dazu da wäre, das zu tun, was andere wollen und ansonsten nicht ernstgenommen wird. Das führte zu häufigen Angstzuständen, und auch dazu, daß ich total abmagerte. Vor allem aber wollte ich keine Frau sein, weil ich glaubte, daß darin der Grund für meine Probleme liegt.

Jetzt ist Schluß damit! Mein Leben ist mein Leben, das nur ich selbst gestalten kann, und zwar so schön und liebevoll, wie es mir nur möglich ist. Und ich merke, das ist gar nicht so schwer. Ich muß es nur wirklich wollen und mich und das Leben bejahen.

Ich habe bisherige Denkstrukturen durchbrochen und auch viele Hemmungen, die mir eingeprägt worden waren, abgelegt. Ich genieße jetzt das Leben und auch das Lernen, weil es *für mich* ist. Und ich kann auch wieder *wirklich* lachen, was ich fast schon verlernt hatte, und immer offener sein für andere Menschen, weil ich besser verstehe, worunter sie leiden. Und daß sie eigentlich selbst gar nichts dafür können, sondern auch nur so da hinein erzogen und gezwängt worden sind. Und nicht, wie ich, die wunderbare Möglichkeit und Hilfe auch meines Bruders und meiner Eltern hatten, sich daraus zu befreien.

Marion, 33, Mutter eines Sohnes und einer Tochter.
Realschule, Banklehre, danach Reisen. 3 Jahre lebte und arbeitete ich in der Akademie Monrepos. Danach heiratete ich, bekam Kinder und war Hausfrau. Nach 7 Jahren Ehe trennte ich mich von meinem Mann. Heute leben die Kinder teils bei meinem Mann und teils bei mir. Ich verdiene mein Geld halbtags als Kauffrau in einem Verlag.

In der Pubertät fing meine Suche nach dem Leben an. Dazu wanderte ich stundenlang durch Wälder und baute mir meine eigene Gedankenwelt. Die tatsächliche Welt fand ich nicht sehr spannend. Ich hatte aber keine Schwierigkeiten damit. Meine Aufgaben erfüllte ich problemlos und ich war durchaus beliebt bei Freunden. Doch mir reichte es nicht, einen vollen Terminkalender zu haben. Die Vorstellungen der "Möwe Jonathan" begleiteten mich auf meinen Wegen. Ich suchte in der katholischen Kirche, in politischen Gruppen, bei Meditationen. Nach Beendigung der Banklehre war ich depressiv. Meine Eltern hatten meinen Lebenslauf gut für mich vorbereitet und bis auf wenige Abweichungen sah in keine Möglichkeit, mich dem zu entziehen. Freiheit kannte ich nicht.
Dann begegnete mir ein Satz von Bhagwan: "Du kannst Dich in jedem Moment entscheiden, ob du glücklich oder unglücklich bist." So banal dieser Satz klingt, er weckte mich auf und zeigte mir meine Verantwortung für mein Leben. Ein Jahr zog ich durch die Welt und übte zu leben. Als ich wieder in Deutschland war, besuchte ich Anne und Rolf in Monrepos. Sie lebten in einem sehr großen, wunderschönen, kaputten Schloß mitten im Wald. Ich blieb drei Jahre dort. Heute weiß ich, daß das meine eigentliche Lehrzeit war. Ich lernte kochen, putzen, Öfen heizen, handwerkern, ein Tagungshaus verwalten und das wichtigste: ich lernte *mich* kennen. Meine Ängste, mein Sicherheitsbedürfnis......
Die Sehnsucht nach Kindern wuchs in mir, so daß ich den Vater meiner Kinder traf. Ich zog in die Stadt, heiratete und wurde Mutter und Ehefrau. In dieser Rolle fühlte ich mich zunehmend abhängiger und unfähig, mich zu leben. Ich fiel immer mehr in die Rolle, die meine Mutter mir vorgelebt hatte. Bis wir uns nach 7 Jahren trennten. Es folgte ein Jahr Schmerzen, die mich tief in meine Hölle führten. Im nachhinein empfinde ich diese Zeit als reinigendes Fegefeuer, welches einige Altlasten in mir umgewandelt hat.

Kurz nach der Trennung ging ich in die Gruppe, die mich in diesem schmerzhaften Prozess sehr unterstützt hat.

Mein Leben hat sich seitdem sehr verändert. Ich habe gelernt, meine Gefühle wahrzunehmen und lerne immer mehr, klarer und deutlicher danach zu handeln. Es ist ein langer Prozeß, erwachsen zu werden, d.h. für mein Denken und Handeln voll verantwortlich zu sein. Es haben sich mir viele Räume geöffnet, von deren Existenz ich vorher nichts wußte, wonach ich aber immer gesucht habe. Diese neuen Räume zu beschreiten, macht mir oft Angst. Ich muß mich überwinden, Vorstellungen fallen zu lassen und immer wieder hinspüren, wo es weitergeht. Immer wieder den Mut aufbringen zu springen. Ich fühle, daß mein Leben ein unendliches Mysterium ist, und ich danke der Göttin, daß ich so viel davon kennenlernen darf.

Ortrud, 40, verheiratet, 2 Kinder, 1. und 2. Staatsexamen für Deutsch und Sport, Hausfrau, VHS-Dozentin

Seit der Studienzeit in Frauenarbeit engagiert, liegen weitere Schwerpunkte meiner Arbeit im ökologischen Bereich. Über Erfahrungen mit verschiedenen Methoden der Körperarbeit (Feldenkrais, Tai-Chi) führte mein Weg schließlich zur Bioenergetik. Und hierdurch zur Entdeckung und Belebung meiner tiefen Kräfte und Fähigkeiten, zu neuen Dimensionen meines Erlebens und meines Frauseins.

Besonders wichtig war es für mich zu lernen, mich zu wehren, mich abzugrenzen, zu beschützen, selbstverantwortlich ja und nein zu sagen. Immer stärkeres Erleben meiner Gefühle half mir, verstümmelte Antennen wieder zum Leben zu erwecken, meine Sehkraft und Wahrnehmung zu schärfen. Ich habe gelernt zu experimentieren, kreativ und mutig zu sein.

Daraus sind mir nun auch Kräfte gewachsen, von denen ich vorher nichts geahnt habe. Ich fühle Schwingungen um mich herum, Ströme, die ich aussenden kann, magische und heilende, die ich noch weiter intensivieren und mit denen ich immer besser umgehen lernen möchte.

...Du fragst mich, was mir ein weibliches Priestertum bedeutet? Laß mich schreiben:

Priesterin zu sein ist ein hohes Ziel. Es steht dem Göttlichen so nahe, daß es beinahe vermessen erscheint, danach zu streben. Doch ich habe begriffen, daß mein Weg dorthin führen soll. Ich befinde mich ja längst auf ihm. Mein Selbstbewußtsein ist gewachsen. Die Wurzeln meiner selbst werden kräftiger und zergliedern sich immer mehr, wie ein feines Nervensystem. Oder war das längst so und ich spüre nur jetzt die Verzweigungen immer mehr? - Es stimmt, ich bin feinfühliger geworden, jedoch nicht leichter verletzbar. Meine Abwehrkräfte sind ebenfalls gewachsen. Ich erkenne eher, was für mich gut ist und was nicht, was ich benötige und was überflüssig ist. Zweifel kann ich nicht leugnen. Er ist auch noch da - soll so sein. Wie könnte ich eine Allwissende sein?

Ich habe etwas wiedergefunden: die Freude. Und in dem Zusammenhang bin ich zu dem Ergebnis (bis jetzt) gekommen: Ich bin froh, meine frauliche Seite zu leben. Das Wesentliche meines Daseins und die Bedeutung, die darin steckt, fühle ich bis in die Fingerspitzen. Dennoch gibt es Momente, die Unsicherheit ausdrücken, die mich unheimlich ärgern, weil ich wieder gemerkt habe, falsch reagiert zu haben. Und tatsächlich passieren diese blöden Situationen besonders oft, wenn Männer beteiligt sind. Na ja ... ...

Zurück zu den Wurzeln, das Thema liegt mir mehr am Herzen.

Als ich anfing, für Dich meine Geschichte aufzuschreiben, habe ich zunächst erst einmal begonnen, "Grundlagenforschung" zu betreiben. Ich blätterte in Ahnenbüchern und studierte Tabellen bis 1777. Alle Vorfahren mütterlicher- und väterlicherseits stammen aus dieser Isenhagener Gegend. Meine Wurzeln (auch als Ise) finden sich also hier schon begründet. Ich suchte weiter...und viel weiter vorwärts, also schon in meinem Leben, entdeckte ich mehrere Begebenheiten, die sich stark eingeprägt haben mit schönen, beruhigenden, beeindruckenden Bildern. *Wurzeln* und Erlebnisse aus der Kindheit stehen in engem Zusammenhang. Ich erinnere mich an glückliche, phantastische Abenteuer und aufregende Beobachtungen. Ihr Wuchs beeindruckt mich immer noch sehr. Würziges Wurzelwerk!

Dieser abrupte Abstecher zu den Wurzeln kam eigentlich hier im Brief jetzt zu voreilig - wollte wohl von dem Thema vorhin zu schnell weg -. Ich habe nämlich in Bezug auf "fröhliche Frau", die ich bin, eine Entdeckung gemacht, und zwar: Die enge Verbindung von *Freude* und *Frau* findet sich in der Sprachgeschichte wieder: Ahd. *fro = freudig gestimmt, heiter, vergnügt bis lebhaft-schnell.* Und es bedeutet ebenso *Frau*, wie in der Fortführung auch *frou* im Sinne von *heilig, herrschaftlich.*

Na, und ob ich eine fröhliche Frau bin! Und "herrschaftlich" will ich dazu sein (fauchte die Löwin, weil es eben ihre Sprache ist...).

Kraft schöpfe ich ebenso aus äußeren Begebenheiten wie aus innerem Streben. Die Übereinstimmung von beidem findet sich deutlich in meinem Namen. War es "Zufall", daß mir meine Mutter den Namen *Ortrud* gab? Im Gegenteil. Beweis: *ort*, ahd. = *Spitze des Schwertes, (t)rusten = rüsten, rüstig, kraftvoll.* Und daraus wiederum auch: voll Vertrauen. Und so fühle ich mich: impulsiv, streitsüchtig, mutig bis übermütig, neugierig, manchmal auch spitzfindig, ausgleichend usw.usw.

In meiner beruflichen Tätigkeit und privat natürlich versuche ich, so oft wie möglich von meinen Erfahrungen abzugeben, bzw. mit meinen Erfahrungen zu Entdeckungen zu verhelfen. Mit Kindern arbeite ich gerne (das habe ich tatsächlich hingeschrieben - hätte ich nicht gedacht). Von ihrer Sensibilität könnten wir Erwachsene uns eine dicke Scheibe abschneiden bzw. (sanfter ausgedrückt) sollten wir uns viel mehr zu Herzen nehmen.

Peter, 40, verheiratet, zwei Töchter, Autohändler

Meine innere Werteskala war durch meine Erziehung stark eingeschränkt. Was mir anerzogen wurde, ist zwar heute nicht weniger "wert", aber ich sehe jetzt, daß es nur ein kleiner Ausschnitt dessen war, was der Mensch in der Erziehung lernen könnte und eigentlich auch lernen müsste. Vor allem, daß es tatsächlich ein *Mehr* an Leben gibt, daß Wirklichkeit mehr und anderes ist, als das, was ich früher durch meinen eingeschränkten Blick wahrnehmen konnte, offenbarte sich mir mit zunehmenden Erfahrungen in der Arbeit an mir selbst.

Dennoch: Als ich zum ersten Mal etwas von "weiblichen Anteilen im Mann" hörte, die es zu entfalten gilt, dachte ich zuerst an homosexuelle Männer, die diese Veranlagung offen leben. Wenn ich so etwas ausbilden sollte, dachte ich bei mir, konnte ich getrost darauf verzichten. "Die spinnen doch", waren meine ersten Gedanken. Es dauerte eine Zeit, bis ich begriff, daß die schöpferischen und gebärenden Aspekte gemeint waren, die in mir sind. Darunter konnte ich mir schon etwas mehr vorstellen, obgleich mir schnell klar wurde, daß meine offensichtlich vorhandenen Fähigkeiten als Kfz-Meister wohl kaum gemeint waren. Durch die Arbeit an mir - gefördert durch die unerschöpfliche Geduld meines Lehrers -, entdeckte ich jedoch nach und nach in mir Dinge und Fähigkeiten, die ich vorher nie vermutet hätte. Daß diese Arbeit ein so weites und tiefgreifendes Feld sein würde, hatte ich mir nicht vorzustellen vermocht. Stundenlanges Lesen, Ölmalerei, Herstellen von Plastiken, Gedichte schreiben, all das sind Dinge, die ich früher ablehnte, ja für unnütz hielt. Vertane Zeit, in der besser etwas Nutzvolleres geleistet werden sollte. - Welch einen Reiz jedoch mittlerweile dies alles auf mich ausübt, ist unvorstellbar.

Auch meine Erfahrungen im Zusammenleben von Mann und Frau sind um vieles reicher geworden. Alleine das *Erkennen* der vielfältigen Verständigungsschwierigkeiten zwischen mir und Frauen bringt so große Veränderungen, daß ich so etwas allen Männern wünsche. Vor allem zu wissen, daß Männer und Frauen unterschiedliche Arten zu denken haben, erleichtert mir heute das Zusammenleben und die Verständigung mit Frauen sehr.

Mein durch die bioenergetische Arbeit gesteigertes Körperbewußtsein, und vor allem die Erfahrung, daß in allem, was ich mache, *ich* mich ausdrücke, ist ebenfalls ein unbeschreiblich wertvolles Erleben.

Körperhaltung, Gestik, Mimik, also Körpersprache, als Ausdrucksform meiner selbst zu erkennen, gibt mir auch immer wieder die Möglichkeit, so ich den Willen dazu habe, mich und meine Haltung zu ändern und z.B. nicht mehr gebeugt und gedrungen durch das Leben zu schleichen. Ein neues Selbstwertgefühl aber ist für mich mittlerweile Grundvoraussetzung dafür, in dieser Welt überhaupt aus mir heraus leben zu können und nicht gelebt zu werden. Darüberhinaus beeinflusse ich dadurch mein Gesamtbefinden, was sich wiederum auf meine Gesundheit positiv auswirkt. Und *wenn* ich einmal erkranke, dann habe ich heute oft die Möglichkeit, dieses zu analysieren und meine Fehler zu korrigieren.

Durch die Wiederbelebung von Leiblichkeit und Weiblichkeit wandeln sich natürlich auch die Frauen. Und dies hat zur Folge, daß ich mich mehr und mehr darauf einlassen muß, immer stärker und freier werdenden Frauen zu begegnen. Dies und vor allem auch das Dahinschwinden von Machtpositionen, die mir als Mann durch Tradition und Erziehung zugefallen waren, erlebte ich anfänglich oft als Angriffe auf meine Person. Anstatt froh zu sein, daß ich einen Teil meiner (von mir selbst oft als Last erlebten) Aufgaben abgenommen bekam, fühlte ich mich verletzt und wehrte mich. Und auch, daß sich diese Frauen immer mehr zu wahren Priesterinnen wandelten mit einer großen Macht ihrer Worte und ihres alten Wissens, löste in mir starke Ängste aus, von deren Existenz ich sonst wohl nie etwas erfahren hätte.

Gerade die Auseinandersetzung mit diesen Ängsten und mein immer stärkeres Bejahen der großen und heilenden weiblichen Kräfte bewirkt jedoch, daß langsam in mir ein Urvertrauen wächst in das Weibliche als Verkörperung des ewig Gebärenden, Schützenden. Ein Urvertrauen also in die große Göttliche Mutter, in welchem ich mittlerweile immer öfter ruhig und gelassen lebe.

Denn auch meine Haltung zum Religiösen hat sich stark verändert. Zwar hatte ich, katholisch erzogen, bereits als Kind ein Erlebnis, welches meine Einstellung zu Gott stark beeinflußte. In unserer Wohnung hing über der Türe ein Kruzifix. Eines Tages, als ich nach Hause kam, riß mir der Wind die Türe aus der Hand und sie schlug mit Wucht zu. Dadurch geriet das Kruzifix an seinem Nagel aus der Fassung, fiel zu Boden und zersprang in mehrere Teile. Ich staunte sehr darüber, daß der Heiland, der ja so groß war und vor dem alle so viel Ehrfurcht hatten, so leicht zu Bruch ging. Ich glaube heute, daß damals auch in mir etwas zerbrach, bzw. zwischen mir und dem Glauben, denn seit jenem Vorfall ging ich nicht mehr zum Gottesdienst.

Und auch am Religionsunterricht sowie an der Meßdienertätigkeit nahm ich nicht mehr teil.

Es blieb jedoch eine Leere in mir, die ich damit füllte, daß ich mich mehr der Muttergottes zuwandte, so, wie es auch meine Mutter immer getan hatte. Die Frage jedoch, warum die *Mutter* Gottes weniger "wert" war als ihr Sohn, habe ich mir damals nicht gestellt. Und hätte wohl auch keine hinreichende Antwort darauf bekommen.

Die Jahre gingen dahin, und die Frage nach der Religion wurde nur noch bei Hochzeit, Taufen oder beim Steuerantrag gestellt. Bis plötzlich durch unsere Arbeit der Zeitpunkt kam, daß ich mich - und diesmal erwachsen, ernsthaft und sehr persönlich -, wieder dieser Problematik zu stellen hatte. Es zeigte sich dabei, daß der Gott (oder Heiland) damals zerbrechlicher war als mein Glaube an mich selbst und meine eigenen Möglichkeiten, das Göttliche zu erfahren. Und es zeigte sich vor allem auch, daß meine damalige Hinwendung zur Gottes-Mutter bereits ein erster Schritt meiner Öffnung für das Weiblich-Göttliche war.

Heute stehe ich bisweilen vor starken inneren Zerreißproben. Fortschreitendes Entdecken und Bewußtwerden meiner selbst, meiner Ängste, Tiefen, Fähigkeiten aber auch Abhängigkeiten von eingefleischten Strukturen auf der einen Seite und der Versuch, im Aufbau einer neuen Persönlichkeit nicht wiederum das Weibliche in mir zu kurz kommen zu lassen, lösen oft Unsicherheit in mir aus über das, was richtig ist, wie es weiter- und vor allem, wo es hingeht. Und gerade in solchen Momenten, in denen ich mich wohl der Göttlichen Mutter besonders anvertrauen sollte, habe ich dann oft Angst, mich zu verlieren und sperre mich. Hier helfen mir aber immer wieder die Frauen, die mir nahe sind, weiter zu gehen, weiter zu suchen und zu spüren, mich weiter zu öffnen. Gerade dadurch erlebe ich das Weibliche immer mehr als heilbringend. Und vor allem auch: als *mir* Heil bringend.

Rosi, 38. Nach fast 20jährigem untauglichen Versuch, eine gute Beamtin zu sein, mittlerweile selbständige Steuerberaterin.

Meine Eltern haben mich als gute Katholikin erzogen. Das bedeutete, jeden Sonn- und Feiertag in die Messe zu gehen, nicht zu sündigen bzw. fleißig zu beichten, höflich und hilfsbereit zu sein und meine eigenen Interessen und vor allem meine Bedürfnisse hintan zu stellen. Und es bedeutete vor allem, meine Gefühle, insbesondere meine Sexualität, nicht zu haben oder aber sie als "Gaben" des Teufels anzusehen. Gerade in der Pubertät hatte dies zur Folge, daß ich mich ständig schlecht fühlte, daß ich mich für einen schlechten Menschen hielt, weil ich diese Gefühle dennoch und sogar ganz besonders stark hatte. Und mir folglich auch häufig wirklich schlecht *war*. Zum Ausgleich wollte ich eine besonders gute Schülerin sein. War ich jedoch zu gut, löste auch das wieder ein schlechtes Gewissen aus, weil man sich als guter Christ (und besonders als Mädchen) ja auch nicht hervortun durfte. Machte ich irgendwelche Fehler oder erfüllte nicht die Erwartungen oder vermeintlichen Erwartungen meiner Eltern, stürzte mich das in Ängste und Depressionen. Dies führte zu ständigen Kopf- und Zahnschmerzen. Und mit den Jahren auch zu großen Rückenbeschwerden. Ein weiteres Problem war meine Unfähigkeit, meine Meinung zu äußern. Ich wurde sprachlos.
Bereits mit 16 Jahren hatte ich einen festen Freund, den ich vorhatte zu heiraten. Wider besseres Wissen habe ich dies mit 20 auch getan. Ich dachte zwar zuerst, jetzt sei alles in Ordnung; Sexualität war nun ja erlaubt. Tatsächlich aber war nichts in Ordnung. Ich hatte gegen meine Überzeugung gehandelt. Es wurde alles nur noch schlimmer. Dann lernte ich meinen jetzigen Partner kennen und war total verliebt. Nach Wochen und Monaten voll mit Ängsten und Alpträumen habe ich mich für meine Liebe und gegen die Ehe - somit auch gegen Eltern, Gesellschaft und Kirche entschieden. Das schlechte Gewissen blieb zwar, aber *ich* fühlte mich besser.
Dennoch blieb vor allem dieser ganze verquere Umgang mit der Sexualität. Sexuelle Gefühle und Bedürfnisse zu haben, aber sie eigentlich nicht haben zu dürfen, führte zu einer ständigen inneren Zerrissenheit. Es gelang mir nicht, mich aus diesem Zwiespalt zu befreien. Im Gegenteil, ich handelte auch in anderen Lebensbereichen so, fühlte dort die gleiche Spaltung. Dies warf die Frage auf: Ist das Leben für mich überhaupt noch lebenswert. Und: Welchen Sinn hat dieses ganze Dasein denn überhaupt? Es konnte doch jedenfalls dieser tägliche, gleichförmige Ablauf: Morgens zur Arbeit gehen,

nach Hause kommen, gute Hausfrau spielen, schlafen gehen und Schuldgefühle haben, nicht den ganzen Sinn des Lebens ausmachen. Ich wurde immer verzweifelter.

Dann hörte ich von der Gruppe.

Nach Überwindung der Hemmschwelle und verschiedenen Anläufen, mich mit diesem für mich ganz Neuen zu beschäftigen, mich unter die mir damals völlig fremden Menschen zu wagen, begann mein Leben. Am Anfang war ich nur ein großes Staunen. Eine mir bis dahin völlig unbekannte Welt tat sich auf. Ich kam mir vor wie Alice im Wunderland, völlig fasziniert davon, welche Dimensionen es außerhalb meiner kleinen, bürgerlichen Welt noch gab.

Ich lernte, die Welt bestand nicht nur aus arbeiten, schlafen, essen, Anpassung an andere. Ich entdeckte *mich*, meine eigenen Tiefen und vor allem meinen Körper. Und auch andere Wirklichkeiten. Das alles hatte ich bis dahin vollständig ignoriert.

Dann tauchte plötzlich Angst auf: Begebe ich mich hier in Abhängigkeiten? Ist das, was ich erlebe, wirklich alles wahr, oder werden mir hier nur Dinge präsentiert, die sich ein anderer ausgedacht hat? Aber was war falsch daran, einen Körper zu haben, ihn zu spüren und ihn lieben zu lernen? Was war falsch daran, Gefühle zu haben, und zu akzeptieren, daß dies schön und richtig für mich ist? Zu lernen, daß Dinge, die für mich und in meinen Augen richtig sind, auch wenn sie bestimmten gesellschaftlichen oder kirchlichen Vorstellungen widersprachen, für *mich* dennoch gut und wichtig sein dürfen?

Ich lernte, mich nicht mehr mit Verhaltensnormen zu identifizieren, die von außen kamen. Und ich habe gelernt, damit umzugehen, daß dadurch viele, die bisher meine Freunde waren, nicht mehr mit mir umgehen konnten, weil es ihnen wie ein Sakrileg vorkam, daß ich nicht mehr zu allem Ja und Amen sagte.

In früheren Jahren habe ich bereits oft das Verhalten der Industrienationen: Zubetonieren der Erde, Verseuchung von Luft und Wasser, die Zerstörung der Natur etc. in Frage gestellt, ebenso die Auslegungen der Bibel durch die Kirche. Aber was konnte ich dagegen ausrichten? Heute weiß ich, daß meine erste Möglichkeit darin liegt, nicht mehr mitzumachen. Was nutzen alle Diskussionen darüber, was geändert werden müsste, wenn ich nicht bereit bin, mich selbst zu ändern, und das, was ich für richtig halte, zu leben?

Anfangs waren jedoch alle Schritte, die ich in Richtung auf ein Leben nach meinen Überzeugungen tat, von neuen oder alten Ängsten begleitet: Der Angst, alleine zu sein, Sicherheiten zu verlieren, mich mit den Eltern zu überwerfen etc. Ich stellte jedoch mit der Zeit erstaunt fest, daß ich diese Ängste nur aufrecht erhielt, um für mein Tun nicht *ganz* selbst verantwortlich zu sein. Und ich stellte vor allem fest, daß nichts von dem, was ich befürchtet hatte, eintraf. Im Gegenteil: Es stellte sich innere Zufriedenheit ein, die Ängste schwanden dahin, die Feststellung, daß ich letztlich sowieso alleine bin und nur ich selbst für mich sorgen kann, bestätigten die Richtigkeit meines Tuns. Anpassung bietet keine Garantie für Nichteinsamkeit. Selbstverleugnung macht nicht glücklich. Vor allem nicht uns Frauen, denen genau dieses viel zu lange eingeredet wurde.

Ruth, 37, verheiratet, kaufm. Angestellte

...daß ich etwas suchte wurde mir erst klar,
als ich einen neuen Weg sah.

Viele kleine Schritte auf diesem Weg
brachten mich zum Bekenntnis:
        Frau sein!
wieder den Naturinstinkten folgen,
meinen Gefühlen vertrauen,
mich
als wichtigen Teil des Gesamten sehen.

Leben statt denken!

Das bedingt auch, unbequem zu sein,
in Frage zu stellen,
mich zu verweigern,
nicht mehr "meinen Mann" zu stehen.

Jetzt will ich *meine* Kräfte kennenlernen.
Und damit umgehen.

Sibylle, 33, eine Tochter, Töpferin

Von Kind auf fühlte ich mich sehr eng mit der Natur verbunden, die für mich viel mehr war als nur das bloße Vorhandensein von Pflanzen und Tieren. Ich stellte früh fest, daß in ihr Gesetzmäßigkeiten und Kreisläufe herrschen, und daß alles bis ins kleinste Detail sinnreich ist. Es war mir so, als hätte irgendeine Intelligenz oder ein Wesen alles aufs Wunderbarste durchdacht, und es entstand in mir nach und nach ein starkes Gefühl von Sicherheit, Harmonie und Frieden. Ich hatte keine große Angst vor Naturgewalten wie Sturm, Gewitter oder Hochwasser, denn ich wußte, daß auch sie zu dieser großen Ordnung gehörten. Wohin ich blickte, sah ich die Schönheit der Bäume, Büsche, Blumen und Tiere, sog ihre Gerüche ein, lauschte ihren "Sprachen" und empfand mich in allem zutiefst heimatlich eingebettet.

Als ich älter wurde, entstanden auch Fragen: Wenn alles einer solchen Ordnung und Regel folgt, was bedeutet das dann für mich? Irgendwie bin ja auch ich ein Teil dieses Ganzen und stehe doch auf einer anderen Stufe als Pflanze und Tier. Was ist der Sinn dessen, bzw. was also ist *mein* Platz und *meine* Aufgabe in all dem?

Da ich mich im Hause meiner Eltern und im Kreis meiner Geschwister auch sehr wohl fühlte, und irgendwo analog zu den ewigen Kreisen von Vermehrung und Fortpflanzung in der Natur, keimte schon als 14jährige in mir der Wunsch nach einer großen Familie mit vielen Kindern auf. Hierin schien mir irgendwie ein rechter Sinn für mein Leben zu liegen. Doch später kamen mir auch Zweifel, daß Vermehrung der einzige Sinn sein sollte. Das schien mir für einen Menschen doch zu wenig.

Mit Heranwachsen, Schule, Abitur, ersten Freundschaften und großer Neugier aufs Leben gingen die Jahre dahin. Nach einer ersten Ausbildung entfaltete sich immer stärker mein Interesse an Keramik, und so erlernte ich dieses Handwerk.

Als ich mit meinem Lebenspartner immer wieder in gleichgelagerte Problemsituationen geriet, begannen meine Sicherheit und meine glatte Lebensbahn plötzlich zu bröckeln. Zuerst konnte ich gar nicht begreifen, warum diese Beziehung so schwierig sein sollte oder woran es mangelte. Ich kümmerte mich doch um Haushalt und Essen, pflegte gesellige Abende, verdiente mein eigenes Geld, führte also ein ganz übliches Leben, wie es für die Frau in unserer Gesellschaft eben vorgesehen ist. Deshalb dachte ich natürlich auch zuerst, daß die Probleme, die es gab, mehr die Probleme meines Partners seien und nicht ursprünglich meine eigenen. *Ich* funktionierte doch schließlich nach der Rolle der Frau, wie sie alle lebten. Doch um diese Rolle aufrecht zu erhalten, mußte ich immer mehr Kraft aufwenden. Bald war ich nicht mehr in der Lage zu arbeiten. Die Probleme fraßen meine Energien. Und da ich ja einen kreativen Beruf habe, merkte ich sehr schnell, daß mir die Ideen ausblieben. Ich wurde immer lustloser und schließlich wurde mir alles egal.

In dieser Stimmung kam ich zur Bioenergetik. Vorstellen konnte ich mir zuerst nichts darunter. Ich sah die Körperarbeit mehr aus einem sportiven Gesichtspunkt. Sport hatte mir immer Spaß gemacht, und so hat es auch gut 1 - 2 Jahre gedauert, bis ich begriff, daß das alles mit Sport nichts zu tun hat. Und auch erst seit diesem Zeitpunkt bewegte sich etwas in mir.

Heute, nach einigen Jahren, merke ich, daß ich vielen falschen Sichtweisen erlegen war. Ich habe begriffen, daß mich Gewohnheit, Bequemlichkeit, mein vorgefaßtes Lebensideal und auch Konventionen eingefangen hatten. Daß ich aufgehört hatte, mich zu entwickeln.

Mittlerweile habe ich zurückgefunden zur Natur, und ich glaube, daß ich jetzt auch meine tiefere Aufgabe gefunden habe: die Entfaltung *meiner* Natur. Und das heißt für mich ganz besonders: die Entfaltung meiner Weiblichkeit. Hier finde ich die Verbindung zwischen mir selbst als Individuum, meinem Menschsein und der Natur als solcher. Ich erkenne meine Aufgabe *auch* darin, auf höheren Ebenen, auf der Ebene des Bewußtseins vor allem, zu gebären und zu verabschieden. Durch mein Wirken den natürlichen Fluß zu unterstützen, mein Sein als Frau *auch* als Hüterin *allen* Lebens zu verstehen.

Jenes als Kind empfundene Wesen, in dessen Schoß ich mich so geborgen fühlte, habe ich als die Göttliche Große Mutter erkannt, der ich danke, indem ich ihr diene. Schritt für Schritt gehe ich jetzt meinen Weg, ruhig und gelassen oft, doch bisweilen auch einsam. Nicht ohne Probleme, doch mit zunehmend sicherem Stand. Indem ich mich immer weiter von eingefahrenen Verhaltens- und Denkmustern verabschiede, schaffe ich zusehends Platz für neues Leben in mir. Indem ich den Spuren der Göttin folge, komme ich zu mir; je mehr ich mich erspüre, finde ich sie.

Sigrid, 37, Mutter zweier Kinder, Sonderschullehrerin

Aufgewachsen als Tochter einer katholischen Arbeiterfamilie, ranken sich sehr frühe, intensive Kindheitserlebnisse um die Bereiche Religion, Mystik und Transzendenz.

Der feste Glaube an einen "lieben Gott", der es gut mit mir meint, an einen Schutzengel, der mich behütet, dazu eine Anzahl von katholischen Riten, die mir als Kind tiefe Andacht und Ehrfurcht einflößten, ließen mich neben der (meist) positiven Zuwendung seitens meiner Eltern die ersten Jahre in friedvoller, sicherer Atmosphäre zubringen.

Konfliktgeladen erlebte ich die Pubertätsjahre. Der familiäre Schutzraum zeigte sich nun von seiner einengenden Seite. Der Autoritätsanspruch meines Vaters und der unflexible katholische Moralkodex meiner Eltern setzten mir Grenzen, gegen die ich rebellieren mußte, wollte ich meinen eigenen Weg finden.

In diese Zeit fallen auch Freundschaftsproblematiken im gefühlsmäßigen Spannungsfeld zwischen Anerkennung und Ablehnung, Geschwisterneid und Konkurrenz. Mein Lebensgefühl der Jugendjahre war vorrangig geprägt von Kampf, Abgrenzung und dem Willen nach Durchsetzung.

Die religiösen Erlebnisse der Kindheit leuchteten immer seltener in mein erwachsen(d)es Leben, obwohl mich die Suche danach immer noch beschäftigte.

Im Alter von 20 Jahren begann ich, mich selbständig im Leben einzurichten. Ziele und Ideale standen mir klar vor Augen. Geprägt durch das soziale Engagement meiner Eltern, fühlte ich mich zu einem Helferberuf hingezogen. Ich sah die Not der Menschen, ja der ganzen Welt und wollte sie erlösen. Also engagierte ich mich in politischen und caritativen Gruppen, lernte viel über Psychologie, Psychiatrie, Soziologie und Medizin und umgab mich auch privat mit Menschen, die Hilfe suchten. Ich lebte mit ihnen, für sie und durch sie.

Eigene Bedürfnisse waren mir fremd, ja erschienen mir verächtlich. Ich sonnte mich in dem Gefühl, ein guter Mensch zu sein, und nur hin und wieder erschreckte mich die Undankbarkeit der Welt und die Enttäuschung darüber, daß trotz meines ganzen Einsatzes mir ein Glücksgefühl versagt blieb. Stattdessen oder deswegen stellte sich langsam ein Gefühl des Ausgebranntseins ein und wurde immer stärker. Dadurch begann eine neue Phase des Suchens.

Die katholische Amtskirche wegen ihres restriktiven Verhaltens inzwischen ablehnend, beschäftigte ich mich mit Yoga, autogenem Training, las abendländische Philosophen und Dichter, übte mich in Meditation, belegte Kurse in Selbsterfahrung und nahm schließlich auch an einer von Rolfs Arbeitsgruppen teil.

Hier fand ich zum ersten Mal ein umfängliches Konzept, das Erkenntnisse der Geistes- und Naturwissenschaften miteinander koppelte, fernöstliches Gedankengut und christlich-abendländische Vorstellungen verband, und darüber hinaus dem Ganzheitsaspekt von Körper, Psyche und Geist Rechnung trug. Gleichzeitig aber forderte diese Theorie den größten Widerspruch in mir heraus, wurde doch hier auch eine Körperlichkeit, eine Sinnlichkeit, ein bedürfnisorientiertes Handeln gelehrt, gegen das ich mich ein Leben lang mit mehr oder weniger großem Erfolg gewehrt hatte. Ich beschloß zunächst, mich auf die bioenergetischen Körperübungen zu beschränken, da ich durch sie Kraft schöpfen und mich entspannen konnte, und die dahinter stehende Theorie (Ideologie) zu ignorieren.

Oberflächenverspannungen verschwanden, meine Wahrnehmungsintensität nach außen und innen nahm zu. Mit ihr jedoch bald auch die Erkenntnis, daß ich mich selbst, meine wahren Emotionen und Bedürfnisse bisher in der Tat weder wahrgenommen noch gelebt hatte. Erschreckender noch: Ich wußte plötzlich, mein gesamtes soziales Engagement war nicht einer empfundenen Liebe zu den Menschen entsprungen, sondern einem in mich eingepflanzten Programm, das ich unreflektiert und vor allem *ungefühlt* zu leben versucht hatte.

Ich bemerkte auch, daß ich jegliche Fähigkeit verloren hatte, spirituelle Erfahrungen zu machen. Ich lebte im Kopf, nahm meine Umgebung in Gedanken und Worten, kaum jedoch in Gefühlen wahr. Ich fütterte meinen Kopf mit religiösem Datenmaterial und litt unter dem Verlust meines kindlichen All-Eins-Sein-Gefühls. Dafür hatte ich das Gefühl, allein zu sein.

Rückblickend muß ich sagen, diese Erkenntnisse über mich stellten sich (Gott sei dank) dosiert ein. Sie wären wohl in ihrer Brisanz sonst auch kaum zu ertragen gewesen.

Ich spürte, es handelte sich in allen Bereichen um die gleiche Grundproblematik: Ich hatte meine rationalen Kanäle ausgebaut und gelebt, meine Gefühlsseite mit Intuition, Sinnlichkeit, Kreativität dagegen unterdrückt und geleugnet.

Einmal erkannt und als mein persönliches Problem angenommen, konnte ich schrittweise beginnen, ein Gleichgewicht in mir wiederherzustellen. Ich erweiterte zunächst mein Handlungsrepertoire, indem ich für mich neue Bereiche des Ausdrucks entdeckte und in mein Alltagsleben integrierte. Ich begann, Stimmungen und Gefühle durch Malerei, in Musik oder in Geschichten auszudrücken. Ich fing an, bewußter und liebevoller mit meinem Körper umzugehen, seine inneren Abläufe, Lebensrhythmen und Zyklen zu beachten und nicht mehr gegen sie zu handeln. Ich gestaltete meinen Lebensraum nicht mehr nur nach rationalen Gesichtspunkten, sondern übte mich in der Schaffung atmosphärischer Energiefelder, ging spielerischer und gestalterischer mit mir um und erreichte eine bisher nie gekannte Vielfalt und Buntheit meines Lebens. Mein eigenes Wohlbefinden wurde mir oberste Kategorie.

Die häufig geäußerte und früher auch von mir selbst geglaubte und vehement vertretene Behauptung, Menschen, die an sich arbeiten, sich selbst in den Mittelpunkt ihres Lebens stellen, seien egoistisch, konnte ich am eigenen Leib widerlegen. Nie zuvor war mein Umgang mit anderen so frei, so verständnisvoll, so tolerant, so liebevoll - und schon gar nicht in jener Zeit, in der ich geglaubt hatte, für andere da zu sein.

Besonders entscheidend änderte sich meine Einstellung anderen Frauen gegenüber. War sie vorher mehr oder weniger bewußt immer von Konkurrenz geprägt gewesen, so stellte sich mit der wachsenden Annahme meiner selbst immer häufiger das Gefühl von Respekt, Achtung und Liebe ein.

War es mir auf der Körperebene gelungen, neue sinnenhafte und beglückende Erfahrungen zu machen und erlebte ich auch im mitmenschlichen Bereich eine Zunahme von Herzlichkeit und Echtheit, so blieb mir doch für längere Zeit noch das Problem, einen neuen und angemessenen Gottesbegriff zu finden.

Ich hatte gegen weltliche männliche Autoritäten revoltiert (Vater, gesellschaftliche Normen, politische Gegebenheiten, Amtskirche); gegen meinen Kinderglauben, gegen das männliche Triumvirat von Vater, Sohn und heiligem Geist jedoch wagte ich lange Zeit nicht anzutreten. Je stärker aber mein Anspruch nach einem ganzheitlichen Leben wurde, je mehr ich Intellekt *und* Intuition für mein Leben nutzbar machen konnte, je mehr ich Verstand *und* Gefühl als Aspekte meines Menschseins akzeptierte, um so stärker änderte sich jedoch auch (fast von selbst) meine Gottesvorstellung. Statt (heimlich) die Gott-ist-tot-These zu vertreten, erhielt ich immer stärker den Eindruck, daß mein Gottesbegriff "nur" einer - wenn auch entscheidenden - Ergänzung bedurfte. Und diese fand ich in der Einsicht, daß meine Gottesvorstellung erst dann heil und damit heilig ist, wenn ich weibliche Elemente in sie einbeziehe. Spirituelle Erfahrungen, ein Einheitsgefühl mit allem Lebendigen, mit dem Sein, konnte ich nicht durch denken, sondern nur durch erleben, erspüren, erfühlen erreichen. Und so schien mir auch hier wieder das gleiche Lebensgesetz zu gelten: mein Leben würde nur heil(ig), wenn es mir gelänge, eine *gefühlte* Beziehung zum Sein aufzunehmen.

Diese Aufgabe bestimmt zur Zeit mein Leben. Ich kenne Momente, wo es mir gelingt, Dingen und Tätigkeiten des Alltags, Menschen und Natur wertfrei und uneigennützig zu begegnen, sie in ihrem Sosein ganz anzunehmen, und wo ich bereit bin, alle meine Sinne zu öffnen, zu empfangen, mich anrühren zu lassen, in das Geheimnis des Lebens einzutauchen. In diesen Momenten fühle ich mich in meiner Mitte angekommen, bedürfnislos, still und dankbar; weiß mich verbunden mit allem und bekomme eine Ahnung von den kosmischen göttlichen Wirkzusammenhängen. Aber immer wieder auch holen mich altbekannte Verhaltensweisen ein (Herzlosigkeit, Gefühlsarmut, Alltagstrott, ein Vor-mich-hindämmern), aus denen ich mich nur schwer und, wie mir scheint, ungern befreie. Dann helfen mir magische Rituale, Meditation, Visionalisierung, Andacht und Gebet - Praktiken, die ich aus meiner Kindheit kannte und die ich mir nun völlig neu erarbeite und mit einem eigenen, tiefen, erwachsen(d)en und vor allem meinem weiblichen Sinn belegen lerne.

Ute, 36, verheiratet, 2 Töchter, Verwaltungsangestellte

Mit 29 Jahren spürte ich, daß in meinem Leben etwas fehlte. Ich war mit mir und so, wie ich lebte, unzufrieden. Eine liebe Nachbarin hat mir dann von der Bioenergetik erzählt. Von Selbsterfahrung hatte ich vorher nie gehört, und so hielt ich das Ganze bis zum ersten Wochenendseminar eher für eine gute Gymnastikgruppe. Das änderte sich, als ich spürte, daß in meinem Innersten etwas angesprochen wurde. Ich merkte immer mehr, daß ich hier Wahrheiten wiederfand, die ich verloren hatte, die irgendwo in mir geschlummert hatten, und die ich nun wiederentdeckte.

Es kam eine Zeit, in der ich viele Freunde verlor. Ich galt bei ihnen als verrückt, bei meinen Eltern als ausgeflippt. Und meine Kinder zeigten mir und dieser Arbeit gegenüber ihre Ablehnung. Nur mein Mann Peter hörte sich all diese neuen Dinge aufmerksam an, die ich ihm nach den Seminaren erzählte und kam ein paar Monate später mit in die Gruppe.

Eine lange Zeit gab es für mich zwei Welten: die Arbeit in der Gruppe und mein "normales" Leben. Das änderte sich, als wir in die Lüneburger Heide zogen. Wir bauten unsere Scheune gemeinsam zu einem Seminarhaus um und schufen dadurch Platz für diese Arbeit auch innerhalb unseres privaten Bereiches. Selbsterfahrungsarbeit gehörte von jetzt an auf's Engste mit zu unserem Leben, und so erhielt auch der Umzug, mit dem ich vorher überhaupt nicht glücklich gewesen war, einen Sinn.

Zwischen den Seminaren fühlte ich mich oft sehr einsam, doch mit der Zeit fand ich auch hier Menschen, die "auf der Suche" waren und sich unserer Arbeit anschlossen. Es hat mir sehr viel Kraft und Stärke gegeben zu merken, daß ich anderen von diesem Weg etwas vermitteln konnte.

Ich gehe ihn jetzt seit 7 Jahren und möchte nichts davon missen. Ich gewinne immer noch sehr viele neue Erkenntnisse, durch die ich mich, mein Leben und meine Welt verändern kann. Mein Dasein wird immer bunter, schöner und wertvoller.

Ein Gott war früher für mich nicht vorstellbar; ich konnte damit nichts anfangen. Als ich das Göttliche das erste Mal gespürt habe und eingetaucht bin in die All-Einheit, hat sich für mich etwas aufgetan, was unbeschreiblich ist. Demgegenüber war alles Vorherige fast wie ein Spiel. Doch nun habe ich meine Lebensaufgabe und dadurch den Sinn meines Lebens gefunden. Hier fängt die richtige Arbeit erst an.

Anne K., 50, 1 Tochter, Ise

Eine Begegnung mit der Göttin........

Eines Tages lag ich am Strand in der Nähe eines uralten Tempels.
Plötzlich löste sich aus ihm eine Gestalt und kam auf mich zu. Sie wuchs ins
Unendliche. Riesengroß und schwarz. Ich spielte zu ihren Füßen.
Sie beugte sich herunter, nahm mich auf ihre Handflächen, hob mich an
ihren Mund und küßte mich. Unendlich groß und weich war der Mund.
Violettrot.
Dann ließ sie mich hinab, und ich stand unter ihr. Über mir ein riesiges
Loch. Ihre Vagina.
Ich schlüpfte hinein und floß mit dem Blut durch ihren Leib. Als ich aus
dem Mund herauskam, war ich eine Schlange. Ich kroch auf ihr Haar und
legte mich gleich einem Diadem um ihre Stirn.
Sie berührte mich und ich wurde ein weißer Schmetterling. Ich tanzte um sie
herum und setzte mich dann auf einen Grashalm.
Ein Löwe kam und schnappte nach mir. Ich wurde in seinem Körper verdaut
und kam als Teil einer braunen, warmen Masse auf die Erde zurück.
Ich trocknete aus und flog, so klein wie ein Stäubchen geworden, durch die
Luft. Irgendwo senkte ich mich auf den Boden und blieb liegen.
Die Flut kam und spülte mich fort.
Ich sank auf den Meeresgrund und wurde von einer Muschel verschluckt...

Die Göttin bekam diese Muschel überreicht. Sie lächelte und erkannte mich
in der Perle, die ich in der Zwischenzeit geworden war. Sie wußte, daß sie
mich geküßt hatte und erinnerte sich auch an den weißen Schmetterling.
Und ich wußte in diesem Moment, daß sie mir immer wieder begegnen und
mich in jeder Gestalt wiedererkennen würde. Und daß selbst das kleinste
Erdenkorn niemals aus ihrer Liebe fällt.

Isenpraxis

Die einzelnen Isen sind innerhalb ihres Dienstes zu unterschiedlichen Aufgaben berufen. Sie stehen in ihren Funktionen als Priesterin, Ratgeberin, Heilerin etc. all jenen zur Verfügung, die sie in Anspruch nehmen möchten.

Gedacht ist vor allem an

Menschen, die sich von den traditionellen Kirchen abgewendet haben, die jedoch bei besonderen Anlässen, z.B. Taufe, Eheschließung u.a., gerne geistlichen Dienst und göttlichen Segen möchten,

Menschen, die psychotherapeutische oder heilerische Hilfe suchen oder persönliche Beratung auf unterschiedlichsten Gebieten (Frauenfragen, Persönlichkeits-, Partnerschafts-, Erziehungsberatung etc.),

Menschen, die Entscheidungs-, Vermittlungs- oder auch Entsorgungshilfen brauchen,

Menschen, die Reinigungs- oder Einweihungszeremonien möchten (z.B. bei Einzug in eine neue Wohnung oder bei gespürter Bedrohung durch destruktive Energien),

Menschen, die zur besonderen spirituellen Verwendung geweihte Gegenstände (Schalen, Kelche, Amulette etc.) benötigen.

Isen sind umfassend ausgebildete Frauen. Viele von ihnen bieten in ihren erlernten oder ausgeübten Berufen oder in Spezialgebieten, in denen sie über eine Ausbildung verfügen, Kurse an. Dieses Angebot reicht von Finanz- und Rechtsberatung für Frauen über Kreativ- und Selbsterfahrungsarbeit (Weben, Malen, Töpfern, Biosynergetik, Reflexzonenmassage) bis in den heilkundlichen Bereich (z.B. Heilpraktikerausbildung, Pflanzenkunde und ähnliches).

Für alle diese Aktivitäten gibt es ein jährliches Kursprogramm. Wer ein solches Programm oder weitere Exemplare dieses Buches bestellen oder Isendienste in Anspruch nehmen möchte, oder wer sich selbst für den Isenweg interessiert, wende sich bitte an den

ARO Verlag, Kaiserstraße 78a, 42781 Haan

Bildnachweise

Abb. 2,13 aus: R.Cavendish, T.O.Ling (Hrsg.), Mythologie der Weltreligionen, München 1985

Abb. 3,4,7,8,10,11,15,14,16 aus: E.Neumann, Die Große Mutter. Eine Phänomenologie der weiblichen Gestaltungen des Unbewußten, Olten 1974

Abb. 5 aus: G.Pischel, Große Kunstgeschichte der Welt, München 1983

Abb. 6,9 aus: D.E.Strong, Welt der Antike. Schätze der Weltkunst Bd. 3, Gütersloh 1967

Abb. 17 mit freundlicher Genehmigung der Redaktion aus: Bildzeitung vom 14. 4. 1992

Alle anderen Bilder stammen von den Autoren

Eine einführende Lektüre in die Grundlagen körper- und energieorientierter Arbeit bietet: